丛书编委会

大家精要
典藏版丛书

简—读
康德

刘作 著

陕西师范大学出版总社　西安

图书代号　SK24N1862

图书在版编目(CIP)数据

简读康德 / 刘作著 . —— 西安：陕西师范大学出版总社有限公司，2024.11
　　（大家精要：典藏版 / 郭齐勇，周晓亮主编）
　　ISBN 978-7-5695-4143-4

　　Ⅰ . ①简… 　Ⅱ . ①刘… 　Ⅲ . ①康德（Kant, Immanuel 1724-1804）—人物研究 　Ⅳ . ① B516.31

中国国家版本馆 CIP 数据核字（2024）第 027578 号

简读康德
JIAN DU KANGDE

刘　作　著

出 版 人	刘东风	
策划编辑	刘　定　陈柳冬雪	
责任编辑	宋媛媛	
责任校对	王雅琨	
封面设计	龚心宇　张潇伊	
出版发行	陕西师范大学出版总社	
	（西安市长安南路 199 号　邮编 710062）	
网　　址	http://www.snupg.com	
印　　刷	深圳市福圣印刷有限公司	
开　　本	889 mm × 1194 mm　1/32	
印　　张	6.875	
插　　页	4	
字　　数	124 千	
版　　次	2024 年 11 月第 1 版	
印　　次	2024 年 11 月第 1 次印刷	
书　　号	ISBN 978-7-5695-4143-4	
定　　价	49.00 元	

读者购书、书店添货或发现印装质量问题，请与本公司营销部联系、调换。
电话：（029）85307864　85303629　　传真：（029）85303879

目录

前　言

伊曼努尔·康德生于 1724 年，逝世于 1804 年，享年80 岁。虽然他一辈子都生活在哥尼斯堡，没有走出过这个地方，但是他的思想却走向了世界。他继承和批判了前人的学说，也启迪了其后人类思想的发展。康德之后有费希特、谢林、黑格尔和叔本华等。对于他们与康德哲学之间的关系，人们现在有不同的看法。有人认为黑格尔才是康德真正的继承者，有人认为黑格尔和叔本华分别从人的理性和意志两方面批判和发展了康德的哲学思想。不管怎么样，他们都认为康德是一个非常伟大的、承前启后的哲学家。当代分析哲学家虽然极力贬斥黑格尔，但非常尊敬康德，把康德哲学作为一个主要的研究对象。比如当代著名分析哲学家罗素在其影响颇大的《西方哲学史》中不无嫉妒地说："康德一般被认为是近代哲学家当中最伟大的。我个人不能同意这种评价，但是若不承认他非常重要，也可说是愚蠢无知。"功利主义的代表人物密尔虽然不认可康德的义务论的学说，但是也不得不承认"康德是卓越的，其思想体系将长期成为哲学思想史上的里程碑之一"。当代著名政治哲学家罗尔斯坦承自己是一位康德主义者，其影响深远的正义论是对康德道德哲学的继承和发展。活跃在国际学术界的哈佛大学的科尔斯戈德教授是罗尔斯的学生，她把康德的自律概念解释为实践的同一性，构建自己的理论。目前，康德哲学研究在西方是一门显学，作为康德的故土德国自不必说。在美国，对康德哲学研究的评分构成哲学系排名的一个独立参数。

康德哲学为什么这么重要呢？康德的思想有很多的变化，但是他一生都在思考两个问题。一个是自然的问题，即人如何能够认识这个世界，或者说人能够认识这个世界的根据是什么。另一个是人的自由的问题，如果按照近代机械论的模式，世界的事物是由微粒构成的，其运动可以用数学来精确地计算和预测，那么人的一切行为是被他物决定的，没有自由。人与其他的存在者处于同样的位置，没有自己的独特价值。比如一个人偷盗，从常识来看，这是一种恶行。如果从机械论的角度来看，他之所以做这些事情，是因为他受到了不好的教育以及周围环境对他造成了不良影响。这些外在的因素导致他做了坏事。

在近代机械论的视域之下，人在宇宙中没有自己合适的位置。无疑，这很糟糕。这种状况引起了我们的思考：人有尊严吗？在大千世界中，人处于何种位置？我们需要拯救自由，使人获得尊严。康德哲学让我们看到了希望，它告诉我们：人是有尊严的存在者，其尊严就在于他是自由的。在众多的存在者中，只有人才具有自由的属性，即使人总是违背自己的自由，去做不道德的事情，把自己降到低等动物的层次。因此，康德所思考的问题就是：在机械论的世界观的背景之下，如何拯救人的自由？他一方面承认近代以来人的知识的合理性，给其提供理性的基础，另外一方面彰显人的自由和尊严。这两个方面都在批判哲学中得到了解决。界定了知识的范围，剩下的领域就是自由行动的范围。

康德所思考的问题仍然是目前所需要反思的问题。在市场经济中人们所关注的是资源配置效益何以最大化的问题。人们追求的不是内心的宁静，而是外在的事物，将这些身外之物比如金钱、权力、荣誉等看作衡量自己和他人的价值的标准。人们在追求幸福时，反而丧失自我，变得不幸福。康德的哲学让人认识到，人应该反诸内心，按照自身的理性法则来行动和生活，才能获得真正的幸福。

第1章

康德的童年与青少年时期

与上帝同在

1724 年 4 月 22 日，康德诞生于普鲁士的东部城市哥尼斯堡。按照《旧普鲁士年鉴》，这一天被称为"艾曼努尔"（Emanuel），因此，他的教名就叫作"艾曼努尔"。康德后来把这个名字改为"伊曼努尔"（Imanuel），认为后者更接近于希伯来语字源的发音。"艾曼努尔"和"伊曼努尔"的原意就是"与上帝同在"。康德认为这是非常好的名字，对它感到自豪，并且经常阐释它的意思。这个名字的字面意思让康德感到自豪和自信，它意味着与上帝一样具有独立和自律的品格。

康德的父亲名叫约翰·格奥尔格·康德，是哥尼斯堡的一个马鞍匠，母亲安娜·雷吉娜·康德是另一个马鞍匠的女儿。约翰是后来移居到哥尼斯堡的，他与安娜在 1715 年结婚。当时的工匠要想开业，必须加入行会。由于行会严格限制一个地区店铺的数量，所以想获得开业的资格，申请者要么是行会师傅的儿子，要么娶行会师傅的女儿。安娜的父母是本地的马鞍匠，所以约翰与她的婚姻使他能在哥尼斯堡安居乐业。

当时的行会是比较封闭和自足的系统和组织，甚至不受官方的制约。行会有自己的规定和章程，入行的会员在完成注册之后，必须严格遵守行会的规定。行会的管理与现在的市场经济对资源的配置是不同的。市场经济的商品价格主要由市场供求关系来决定，但是行会实行的是一种保守式的管理，价格由行会来决定。行会还有对成员惩罚的权力，除此之外，成员的一些生活琐事也会受到行会的照顾。比如一个师傅过世，行会负责照顾他的遗孀。

行会这种特殊的社会地位，使其成员感觉自己比普通人更有地位。他们觉得自己是受到别人尊重的，同时也保持着高度的荣誉感。康德既然是一个师傅的儿子，也享有某种与生俱来的特殊的荣誉感。这种荣誉感对他的道德哲学很有影响，比如他批判酗酒的人，认为他们把自己降低到动物的层次，没有保持人应该具有的尊严。

据记载，康德一家原来住在市郊。房子是比较典型的哥尼斯堡式的，三层楼，有一间库房，一个小花园，还有一块草地。马鞍匠虽然不是一个很能致富的职业，但是完全可以使人过一种比较舒适的生活。康德在家里排行老四，但是在他出生的时候，他的母亲安娜已经失去两个孩子。母亲在他领洗的那一天，为他填写了以下的祷文："祈愿上帝以耶稣基督的名义依其恩宠护佑他，直到他人生的最后一刻，阿门。"在那个时代，安娜的处境并不少见，但是对于一个母亲来说，这仍然是很悲痛的遭遇。康德的名字"艾曼努尔"正表达母亲深切的忧虑，也表达母亲对儿子的期盼以及对儿子的眷顾之情。在康德之后的5个孩子中，只有3个活下来。也就是说安娜的9个孩子，有4个都夭折了，安娜的悲痛可想而知。

康德很小的时候，家里条件还不错。然而在他成长的过程中，家境不断恶化。5岁时，他外祖父去世。父亲约翰除了照顾好外祖父的事业之外，还必须同时照顾好外祖母。这让约翰比较为难。为了更好地照顾外祖母，4年之后，康德一家搬到了外祖母家。这是一个比较小的房子，也是在市郊，开放式的厨房、一个大客厅、两三间小卧室，里面的陈设比较陈旧。对于一个人口比较多的家庭来说，居住环境是比较局促的。

更麻烦的是，新的住所是当地的马鞍匠和马具师的交会地。二者所提供的商品类似，很多顾客是相同的，不同的是马鞍匠仅有两年的学徒生涯，马具师则需要 3 年。按照行会的规定，马具师可以兼做马鞍匠所做的东西，反过来却不行。为了抢夺有限的资源，马具师经常侵入马鞍匠的市场。在两个行会的争夺中，马鞍匠处于劣势。约翰的事业受到了打击，家境每况愈下。

尽管生计日蹙，约翰和安娜却一直尽心尽力地照顾他们的儿女。康德在童年时期备受呵护，他回忆起他的童年生活总是充满感激。他认为他从来没有在他的父母那里听到不得体的言辞或者看到低下的行径。他们在康德的心中是举止得体、非常诚实以及道德高尚的人。所以，康德认为父母虽然没有给予他很多物质上的财富，但是给了他一个道德教育方面的良好环境。

康德尤其对他母亲安娜有更深的感情。安娜的教育水平高于同时代的其他妇女，她很爱康德，甚至有点偏爱他。她经常带着小康德去散步，鼓励他观察自然事物，把她所知道的科学知识教给他，并且赞赏他有极高的悟性。

在康德 11 岁时，他的外祖母去世了。这是一件不幸的事情，不过也略微减轻了康德一家的负担。母亲没有以前那么忙碌，孩子们的活动空间也变大了些。这一年，康德有了一个名叫约翰·海因里希的弟弟。两年之后，年仅40岁的安娜离开了人间。9次的怀孕与生活的艰辛，让她不堪重负。由于生计的拮据，安娜的葬礼很简单。康德虽然那时候只有13岁，但是一直到后来都很敬重自己的母亲，甚至很多年之后，他都认为自己的哲学思想与他母亲有关。

内心的虔诚

康德的父母都是虔诚派的基督教徒，尤其是母亲安娜对流行于哥尼斯堡的商人与底层人士的虔诚派的信仰信守不渝。虔诚派是德国新教系统的一个分支，反对新教正统的形式主义。正统的新教神学家和牧师们特别强调对圣经的信仰，恪守字面上的教义，并且排挤和谴责背离传统教义的人。同时，正统派不关心大众的精神与物质上的需求，大多倾向于迎合地方的上流人士，而鄙视教育水平程度比较低的市民。与之不同，虔诚派强调自发的圣经研究、个人的虔诚以及在这个过程中的信仰实践。由于它注重内心的信仰以及个人的体验，所以它对教民的教育程度要求不高。

虔诚派在普鲁士一开始受到了权贵和上流社会的抵制。比如虔诚派认为人人都可以研究圣经，从信仰的角度给予普通大众与上流社会平等的地位。一些普通人家的小孩也可以接受教育，而不用到地里干活。这造成权贵阶层在经济方面的损失。幸好，当时普鲁士国王腓特烈·威廉一世认为虔诚派有助于达到他的政治目标，特别是削弱地方权贵的势力。他一边接受虔诚派，一边改造它。这种政治与宗教的结合在现在看来是不健康的，但是从当时来看，它符合大众的利益。

康德一家和当时虔诚派的首脑之一舒尔茨联系很多。康德的父母每周都要带着一家子到他家中参加圣经研读课，舒尔茨也时常造访康德一家。当正统教派和虔诚派二者发生冲突时，康德一家总是站在虔诚派的立场上。如果他们的信仰受到非议，他们会认为自己的荣誉遭受诋毁，会愤而回击。

虔诚派对康德的哲学思想有多大影响，这存在着争议。不可置疑的是，虔诚派认为人人都是平等的，强调忠诚而不狂热的信仰，与康德成熟的哲学思想有一致之处。虔诚派强调内心的信仰，而不是外在的善功，也与康德道德哲学有相似之处。当然，不得不承认，虔诚派把信仰看作人的内在情感的作用，与康德所说的意志的自律是不同的。

康德的童年从其父母身上学到的东西，可以从他后期的一些著作中看出来。在《论教育》中，康德区分了以纪律为基础的体能教育以及以准则（**主观的原则**）为基础的道德教育。前者类似于斯巴达式的教育方式，不允许儿童自由思考，只是给予训练和压制。后者是一种道德教育，反对模仿、威吓、惩罚的方式。父母应当引导小孩不仅要努力做好事，而且要使他们明白不管其结果如何，好事本身就是值得去做的。通过这种原则性的教育，小孩就明白做好事，不是从情感出发，而是从原则出发。这种方式可以培养对自己的义务和对他人的义务的责任感。

至于模仿，很多父母喜欢以这种方式教育小孩。比如为了激励孩子，一些父母经常对自己的小孩说："你要向邻居家的小朋友学习，人家学习多好。"这让小孩产生了一个误解："父母不喜欢我，而喜欢别的小朋友。"这种方式很容易导致小孩不好好学习，反而憎恨别的小朋友。这种心理对他的成长是没有好处的。相反，如果家长鼓励他，教导他只有好好学习，他将来才能做一个有用的人，实现自己的价值。如此小孩就明白哪些行为本身是正确的，是应该做的。

学 童 生 涯

总的说来，家庭的环境和氛围给康德的童年带来了很多正面的影响。然而，康德少年时的学童生涯就远远不是这样了。康德最开始是在郊外的一所学校学习。对于这所学校的记载并不多，而且康德待的时间也不长。到了 8 岁时，他进了腓特烈中学。据说他能够进入这所学校，是因为舒尔茨发现他有很高的天赋，说服他父母把他送入这所学校，以便为将来攻读神学作准备。

腓特烈中学是虔诚派开办的附属中学，有两个办学目标：一是加强宗教的影响；二是对学生进行系统的人文学科的训练，使学生具备好的生存能力。这个学校兼收贵族和平民的子女，为他们将来在政府或教会担任高级职务作准备。对于像康德这样的平民孩子而言，能够进入这样的学校意味着未来有出人头地的机会，是非常幸运的。

据记载，这所学校的大部分学生寄宿在学校，但是也有少数学生周末回家里与父母同住，康德就是其中一例，这样他不得不长途跋涉徒步往返。学校的课程安排很紧，他每天要花大部分的时间在学校的功课上。学校早上 7 点开始上课，中午 11 点到 1 点休息，下午 4 点放学。假期很少，每周固定上 6 天课，回家之后还要花很长时间完成功课。即使周日不上课，康德也必须去教堂上主日课。这种严苛的束缚直到他 17 岁到哥尼斯堡大学求学之后，才得以缓解。

学校的课程安排也与一般学校不同，上课的级别依据学生的各科程度来定。这就导致一个学生可能修一年级的宗教课、二年级的希伯来文以及三年级的拉丁文。这样的安排使学生交朋友很不方便。每一门课都有固定的教室，在正式上课之前老师会念一段祷词，好让上帝能够降福于课堂，却又不浪费上课的时间。午餐与放学之前都要各唱一段圣歌。每门课的主要目的都是要把学生引向对上帝的信仰和崇敬，教师则必须谨记自己是在全能的上帝的监督之下讲课的。

由此，学校非常重视宗教课，从低年级到高年级，一直要学习不同程度的宗教课，甚至有重复的内容。为了能够比较好地阅读圣经，这就要求学生有古典语言的基础。比如学习希腊文，高年级的希腊文课程设置不仅是为了学生复习语法，而且是为了他们能够阅读新约圣经。学生只有读完了希腊文的新约圣经，才有机会阅读其他的古典希腊文著作，比如亚里士多德的著作。

由于很多中世纪神学家的著作是用拉丁文写的，所以拉丁文在学校是教育的重点。不仅学生把大部分的时间都花在拉丁文上，而且它的重要性也远高于其他的科目。拉丁文的课程有 6 个年级，课程的时间也从低年级的每周 18 个小时变到高年级的 6 个小时，大部分的时间都用在语法的训练之上。上过三年级课程的学生应该可以阅读比较简单的作品，学过四年级的课程可以阅读西塞罗的作品，五年级的课程可以阅读恺撒的作品，六年级更高。到了五六年级，师生用拉丁文交流。

康德的拉丁文很好。他很喜欢阅读拉丁文古典文学，还给自己取了一个拉丁文的名字。康德对一些拉丁文作家的作品耳熟能详，甚至能够背诵许多段落。在后期的著作中，他经常引用拉丁文的选段。相反，他对希腊文的兴趣则比较淡，在其著作中，很少出现希腊文的字眼。这并不是说康德的希腊文不好，或者他不重视古希腊哲学。相反，他对古希腊哲学是很重视的。在《实践理性批判》中，康德多次提及伊壁鸠鲁学派和斯多亚学派。

康德很喜欢他的拉丁文老师海登海希，他是康德到晚年也一直敬重的老师。他不仅培养了康德对古典拉丁文文学的喜爱，更让康德感激的是，他引导康德独立而清晰地思考。他接近于康德心中理想老师的标准。在康德后来从事对学生教育方式的研究中，也受到了他的影响。在这个学校，康德还修过法文课，虽然它不是必修课。学校对法文课的要求是能够大致阅读法文的著作，即使不能够流畅地交流。可想而知，康德的法文阅读能力还不错。在当时的普鲁士，英语连选修课都算不上。康德在哥尼斯堡大学执教以后，这种状况也没有改变。所以，康德应该是没有接受严格的英语学习训练，他的英语水平可能很一般。

算术算不上重要的学科，因为它与对上帝的信仰的关系不大。康德所接受的算术教育很基础，但由于他非常努力，他的水平比一般神学系的学生要高，这也从康德成熟的著作中可以找出一些证据。康德认为算术和几何学的真的命题是先天综合判断。他总是喜欢举一些比较简单的例子，比如"7+5=12"，或者"两点之间，直线最短"。他对这些命题的解释也是一种接近于常识的方式，比如我们必须通过数数来计算比"7+5"更复杂的算式。这也是后来很多哲学家批评康德的数学思想的原因之一。

康德在毕业时，以优异的成绩获得了就读神学系、哲学系以及法律系的资格，虽然他不排斥自然科学和数学，但是他的基础不够，而且腓特烈中学也不以这样的目标来培养学生。学校的计划是，教育应该为学生在教会或者担任公务员作准备。

这不是鼓励批判性和独立性思考的教育。在虔诚派看来，服从是最重要的，教育需要培养学生的自制能力。一个成功的教育不仅需要控制学生的身体，而且需要通过宗教控制人的心灵。他们希望学生能够以他们的方式信仰上帝。为了达到这个目标，腓特烈中学要求学生每天自省。成年后的康德很反感这种自省的做法，认为它会让人狂热甚至精神出现异常。

第2章

大学生时代

自由的求学时代

在康德进入腓特烈中学的第三年，母亲去世了。从此，家里的支柱就是他的父亲。家里充满了一种哀伤的气氛，而学校是一种压抑和束缚人的氛围，这些都让康德感到很不适应。所以，即使到了晚年，康德回忆起这个时期仍会感到很不舒服。

中学毕业后，康德经过考试，顺利地进入哥尼斯堡大学。按照一些人的看法，哥尼斯堡是一个很没落的城市，其实不是这样的。哥尼斯堡在13世纪由条顿人建城，直到1701年，它还是普鲁士的首都。到康德出生时，它虽然只是东普鲁士的首府，但依旧是普鲁士几个主要的城市之一。很多政府机关设置在这里，同时它也是重要的贸易据点，连接整个东欧与日耳曼及欧洲的其他海港，贸易对象主要是波兰、英格兰与俄罗斯等。作为港口，其繁华程度不亚于当时的汉堡。

哥尼斯堡的人口在不断增长，在18世纪初期，人口约有4万，到了中后期，就有5万多人，仍然是普鲁士的中心城市之一。那时，大部分的普鲁士人没有国家认同感，依旧只把自己看作所处地区的人。但是，哥尼斯堡是个例外，大部分的哥尼斯堡人有国家认同感，把自己看作普鲁士人。柏林是当时普鲁士的首都，所以它与柏林的关系很密切。由于哥尼斯堡的地理位置，康德可以接触到不同的文化，有很开阔的视野。

进入大学之后，康德摆脱少年时期的束缚，可以自由地钻研感兴趣的东西，同时可以自由地支配自己的时间。他离开了父亲，成为一个自立的人。进入大学的成员即成为一个"学院公民"，他不再接受哥尼斯堡行政机关的管辖，而是直接受大学的管理。当时大学与行会类似，是一个相对独立的组织。康德的大学生的身份，给予他除了在大学学习的权利之外，还有在很多方面不接受国家管理的特权。比如大学生享有免征入伍的权利，虽然当时受征入伍是年轻人的义务。

进入大学对于康德来说，还意味着他的地位接近于贵族，与那些纯粹靠自己的体力生活的人不同。当然，康德可以选择多数大学生所选择的一条道路，修过哲学以后攻读神学，然后毕业后顺利地成为腓特烈中学的一名教师，或者成为某个教区的牧师，或者成为大学的神学教授。这些职位的待遇都是非常丰厚的。然而康德选择了另外一条完全不同的道路。他一开始听哲学课，当然，这也许是因为哲学课是当时所有科系的必修课。但是，他接下来选择哲学作为自己的主修课程，说明他的兴趣点就在哲学上。

在当时的普鲁士，学科是分等级的。哲学是"低级学科"，神学、法学和医学是"高级学科"。"低级学科"是为"高级学科"作准备的。主修"高级学科"的学生毕业后的出路和待遇比主修"低级学科"的学生要好，由此康德主修哲学，确实是他自己的选择。

按照一些传记作者的描述，上了大学，康德还是如之前那样勤奋，经常给同学辅导功课。由于家境不好，康德很节俭，经常得到一些朋友的帮助。当时，大学生喝酒打架是家常便饭，而康德既不喝酒也不打架，是一个在品行上很端正的学生。他外表严肃，不苟言笑，虽然时有幽默感，但是这种幽默感具有一种黑色幽默的味道。与同学在一起时，他会讲笑话，不过这些笑话比较晦涩，让同学难以捉摸。也许他少年时期在腓特烈中学所受到的教育，他把自制看作人的一种基本品格，性格中多少有点压抑的成分。

除了勤奋学习之外，康德也是一个懂得娱乐的人。打牌和台球是康德在大学时代喜欢的运动，这些娱乐并不影响他的学业。根据他的同学回忆，康德的球技和牌艺都非常好。在一次人类学的讲课中，康德认为打牌可以修身养性，让人情绪稳定，学会容忍克制，对人的道德修养是有好处的。

在18世纪，德国的大学生不超过9000人，哥尼斯堡大学人数多的学期拥有300至500名学生。读大学之所以这么有吸引力，部分原因在于哥尼斯堡有地理位置的优势，是一个国际性的大都市。另外的原因是在这个学校的神学系毕业的学生，有一些特权，比如可以少修一些课程等。

然而，哥尼斯堡大学的部分学科学术水平不高，尤其是自然科学，很多老师一边讲课一边学习。有些课程无法开设，比如化学等。而且，大学的待遇一般，副教授和编外讲师没有工资，仅靠学生的上课费维持生计。为了养家糊口，很多教师不得不寻求第二职业，比如在外面兼任公职、经商，有的甚至还给学生提供伙食和宿舍来赚钱。

系统的学习

哥尼斯堡大学一共有4个学科：哲学、神学、法学以及医学。神学是最受欢迎的，因为神学毕业生的出路最好。哲学虽然是必修课，但是以它为专业的学生不多。与其他两门学科相比，哲学受到神学更大的影响。受到中世纪哲学的影响，哲学还是以亚里士多德哲学为导向的，而当时新出现的哲学，比如笛卡儿、洛克的哲学对大学的影响还很小。即使课程里面涉及它们，也只是把它们作为批判的对象。

在一段时期内，大学有自由讨论的风气，笛卡儿、洛克等的哲学思想可以在课程中被研讨。但是，这样的风气没有持续很久，由于国王的支持，虔诚派掌握了大学大部分的话语权。沃尔夫的哲学受到压制，在讲课中，不允许教师讲授沃尔夫的哲学。此时，大学的教师必须站队。一个讲师如果还是坚持讲授沃尔夫哲学，那么他就没有任何晋升的机会。

为什么虔诚派非常痛恨沃尔夫哲学呢？沃尔夫是莱布尼茨哲学的继承者。沃尔夫模仿几何学的方法，通过设定定义、公理，演绎出整个知识论体系。在他看来，人的理性能力可以认识宇宙、灵魂和上帝等的知识。沃尔夫强调人的理性能力，这与虔诚派强调人的内心的信仰是相矛盾的。虽然沃尔夫也在试图论证上帝的全能全在，但是他把这种论证建立在理性的角度上，让虔诚派很不满。我们可以理解虔诚派的态度，毕竟上帝是信仰的对象，用理性来论证上帝的存在，总是难免会搬起石头砸自己的脚。

康德在大学修过神学的课，没有逃课的记录。康德的一个同学回忆，当时他们都非常认真地修神学的课。在最后一堂课快结束时，教授把包括康德在内的3名优秀学生留下来，单独谈话。教授问他们将来想做什么，康德回答说想做医生。教授问康德，为什么要修神学的课？他回答，这是因为他的求知欲。康德建议朋友们：应该没有偏见地接纳一切课程，即使以后不会靠某些学科吃饭，也应该认真地学习它们。

康德上过很多课，最喜欢的还是哲学的课程。这些课程包括逻辑和形而上学、伦理学与自然法等。它们由哲学系的教授轮流来上，不同的教授有不同的风格，康德收获颇多。除此之外，康德还修过物理学、诗学等课程。按照大学的制度，有些课程是免费的，有些课程是需要付费的。康德上完了所有的免费课程，也参加了一些付费课程的学习和讨论。

在这些授课教师中，有两位教师对康德的影响非常大。第一位是特斯克，第二位是克努真。通过前者，康德了解了牛顿的自然物理学，通过后者，康德了解了莱布尼茨-

沃尔夫哲学体系。这些对理解康德哲学思想的发展是很关键的。

特斯克讲授理论物理学与实验物理学，主要研究的领域与电学相关，据说他是最早主张"电火"与闪电是相同物质的物理学家之一。他的观点影响了康德，有些观点甚至让康德持续坚持了一辈子。康德的硕士论文《论火》就是特斯克指导出来的。特斯克的物理实验做得非常好，他在课堂上总是能够用仪器吸引学生，比如利用电产生火花、闪光灯等。他也非常欣赏康德，认为从康德的硕士论文中可以学到很多东西。

克努真是当时哥尼斯堡最有名和最具有影响力的哲学家之一，许多后来成名的哲学家都跟随他学习过。康德的一位朋友在回忆录中认为，在所有的老师当中，克努真是最重要的一名。他给康德及其他学生指明了具体的方向，更重要的是，他教导学生们独立思考。

在康德刚入大学时，克努真是一名教逻辑与形而上学的年轻副教授。他的立场是虔诚派的，但他的方法是沃尔夫学派的，也就是说他以沃尔夫哲学的方法来批判沃尔夫。他所关注的领域不仅包括德国哲学，而且对英国经验论也非常重视，比如他对洛克的思想就有深入的了解。在 1740 年，克努真发表了标志着他的哲学思想成熟的著作《基督教哲学的真实性的哲学证明》。他在文中构造了一些定理，比如"我们有责任服从上帝"，同时还有一些经验性的命题，比如"我们都因为不服从上帝而有罪"。从这些命题中，他得出"所有人死后都将受到惩罚"的结论。

克努真的哲学思想当时在哥尼斯堡是非常流行的，他也是康德最喜爱的老师之一。可以猜测，康德应该修过克努真所主讲的一些课程，比如数学、哲学、逻辑学、实用哲学等。克努真虽然反对沃尔夫哲学，但是康德也通过他接触到沃尔夫哲学。除此之外，康德也修过其他老师的课，比如诗学教授伯克、数学教授阿蒙等。这些人的名字或者思想或多或少地出现在他的著作之中。不管怎么样，康德在哥尼斯堡大学接受的是全方位的教育，也受到了系统的学术训练。这也是他景仰哥尼斯堡大学的原因之一。

处女作：天赋的发现

1744 年，对于康德来说，是一个比较特殊的年份。因为这一年，他撰写了他的处女作《论对活力的评价》。有人认为，康德原来的兴趣点在古典语言学，但是由于克努真和特斯克的影响，他被带到另外一个完全不同的方向，也就是哲学的方向，这本书的出现正归于克努真的影响。

这样的评价只是一种猜测而已，毕竟康德在这本书里没有透露写作的动机。不过，可以从里面找出一些有价值的东西。比如康德说，一个寂寂无名的作者胆敢批评牛顿与莱布尼茨等大思想家，的确让很多人觉得很鲁莽。发生这样的事情在以前是很危险的，但在现在却恰逢其时。这是一个鼓励批判和独立思考的年代，如果莱布尼茨和牛顿这些大思想家阻碍了人们发现真理的话，那么他们就应该受到批判。评判真理的标准不是他人的权威，而是人们的理性。

有趣的是，康德在谈到写这本书的相关情况时，始终没有提起克努真，只是在诉说自己的决心和兴趣，并且声明，自己找到了方向，将阔步前行，没有任何东西能够阻拦他。这些独白显示，康德已经成为独立的思考者，对能够为当时的自然科学作贡献而自豪。同时，他超越大学内部一般的讨论，而在试图讨论哲学问题本身。

当他说自己找到了方向时，他放弃了什么样的选择呢？按照当时一个优秀的哥尼斯堡大学学生的通常职业规划，他应该会写一部拉丁文的论文，答辩通过之后成为哲学硕士，然后在大学或者高中任教。然而这部著作是用德语写的，他没有把它作为硕士论文提交。这就是说，这部著作对他的学院事业没有大的帮助，他为什么会这么做呢？

康德在这本书里，谈到自己的卑微，以平庸来形容自己。他对权威的批判，对准了莱布尼茨和牛顿，坚称没有任何东西可以阻挡他的目标。可以猜测，他的目标是哥尼斯堡大学的学术圈。也可能他想引起注意，他也许不满周围的人没有给他合适的评价，甚至低估了他。当然，还可能有另外一种情况，他计划中的毕业论文没有得到指导教授的认可，或者他没有打算把这部作品作为他的毕业论文，因为他预料到它会遭到否定。

上面的猜测是有道理的。康德同时代的传记作家认为，克努真是个很优秀的伯乐式的教师，他发现康德是一个优秀的人才，经常给予鼓励，后来又把牛顿的书借给他。这样的说法不可信，因为这些话没有得到康德的认可。在康德审阅的段落里，只是说康德上过克努真的课，康德很喜欢他。而且，在那个时代，大学没有图书馆，教授借书给学生是很常见的。

另一方面，克努真的早期的传记作者们没有特别地提到康德是他的学生这个事情。他最喜欢的学生是与康德年龄相当的布克，布克为克努真主持过至少一次复习课。在克努真1751年去世后完成其课程演讲的也是他，而克努真学术上的书信来往也是由他经手。另一个很受克努真重视的学生是魏腾坎普夫，他比康德低两届，得到克努真的欣赏。在哥尼斯堡大学创校 200 周年纪念会上，他被克努真推荐去作了一次演讲，这篇演讲后来还被克努真推荐发表。康德不喜欢魏腾坎普夫，在他后来的一本著作中，他以讽刺的口气批评了魏腾坎普夫否定世界无限性的论证，而这个论证恰好是克努真所主张的，这就间接地批评了克努真。

而且，从克努真的书信中，他提到不少优秀的学生，但是康德的名字从来没有出现过。这说明康德没有受到克努真的重视。当然，为什么克努真不是很欣赏康德，原因不清楚。或许康德不喜欢虔诚派的立场与克努真不一致。

那么，康德这部处女作主要有哪些思想内容？在解释事物的运动时，笛卡儿认为这是因为一切物质都有惯性，物体总是要保持原有的运动。这是一种机械论的思想。莱布尼茨反对笛卡儿的观点，认为世界是由单子构成的。单子具有能动性，有使自己运动起来的能力。这种能力就是"活力"，不是笛卡儿的"死力"。活力的大小等于质量与速度平方的乘积，有趣的是，莱布尼茨是站在哲学的立场而不是物理学的立场获得这个结论的。

牛顿是一个经验主义的自然科学家，对莱布尼茨纯粹理性主义的立场不感兴趣。对于事物的运动，他站在笛卡儿和莱布尼茨的中间立场。一方面，他批评笛卡儿把力和物质分开，认为二者不可分，同时他又把莱布尼茨的活力排除在物理学之外，用外力来代替。另一方面，与莱布尼茨类似，他认为阻力与质量成正比。

康德认为他们都有问题，二者都无法完全正确地描述自然的运动。事物的运动不能够完全用外力来测量，有些内在的力所造成的运动是需要用活力来测量的，康德把它叫作自由运动。所以有的运动可以按照牛顿的方式理解，有的运动只能够按照莱布尼茨式的方式来理解。但是对于整个自然来说，外力无法解释这个世界的运动是永恒的原因，这就需要联系到莱布尼茨的活力的观念。

在莱布尼茨那里，所有的事物都是由相应的单子构成的，然而，单子没有可供出入的窗户。这样，事物的相互作用是不可理解的。为了说明事物之间的相互作用，莱布尼茨提出预定和谐的理论，事物和事物之间的关系是由上帝所安排好了的，即使它们不会发生相互作用。康德没有完全否认莱布尼茨的理论，只是修正了它，论证单子之间也可以发生外在的关系。

总之，虽然康德在大学时期没有受到足够的重视，但是他的处女作展现了他追求独立思考、不甘寂寞的能力，说明他具有独立思考的天赋。

家庭教师：开始进入上流社会

康德的处女作《论对活力的评价》展示了他与克努真的巨大分歧，对于他而言，这不是一件好事。因为，克努真在大学中有很高的地位，这种紧张的关系会导致他与其他人对康德不友好。这是康德必须离开哥尼斯堡大学的部分原因。另外一个重要的原因是家庭的变化，康德的父亲在1744年中风病倒了，一年半之后，他去世了。由此，康德的生活发生了很大的变化。当时，他的姐姐25岁，两个妹妹分别是17岁和14岁，最小的弟弟只有9岁。虽然两个姐妹在别人家帮佣，可以贴补家用，但是康德是家里的长子，自然要分担家庭的责任。他的求学的自由受到了很大的影响。

康德在1748年8月离开哥尼斯堡。由于没有推荐信，他不可能获得大学的教职。家庭的不幸，让他考虑更多的是经济来源这个现实问题。在那个时代，平民的子弟做家庭教师养活自己是一个常见的现象。康德前后担任过三个家庭的家庭教师，这个经历除了让他有一份收入并且能够独立养活自己之外，更重要的是让他接触到上流社会，锻炼了上流社会的社交技巧。

据记载，康德的第一份家教是在于特申，给一个新教的牧师安德施的三个儿子做家教。于特申距哥尼斯堡不远，是一个比较富饶的城市，这里牧师的收入很丰厚。安德施很优待康德，康德和他的三个儿子也相处得很好，其中一个儿子后来做了哥尼斯堡的酒商，成为康德的好朋友。3 年后，康德接受许尔森的邀请，做他三个儿子的家教。许尔森是普鲁士的爵士，家财丰厚，社会地位也很高。他们一家对康德颇有好感，经常邀请他去参加家中的聚会。后来康德回到哥尼斯堡，许尔森的两个儿子上大学就寄宿在康德家里。从这些经历可以看出，康德虽然是一个贫寒之士，但是受到了很多优待。估计，这与他善于与他人相处，鼓励学生独立而清晰地思考有关。

6 年后，他重返哥尼斯堡，担任凯泽林克家一个在哥尼斯堡大学求学的儿子的家教工作。康德的目的是回到母校任教。幸运的是，哥尼斯堡大学在这段时间发生了一些变化。他的很多同学毕业了，有的在大学担任职务。更重要的是，克努真去世了。对于康德来说，这些无疑给他提供了机会。

这段时间，康德除了准备硕士论文之外，还出了一些成果。首先是两篇论文，即《对一个问题的研究，地球是否由于自转而发生过某种变化》以及《从物理学的角度来看，地球是否衰老的问题》。第二年（1755），康德出版一部著作《自然通史与天体理论，或根据牛顿定理试论整个宇宙的结

构及其力学起源》。这部著作也显示康德对自然科学的独立
思考。虽然他相信牛顿的自然科学，但是他不满足于牛顿把
上帝看作世界运动的第一推动者的观点。牛顿用物理学规律
来解释事物的运动，但是在说明这个世界的运动的第一原因
或者说世界运动的第一推动者时，他不得不求助于上帝。

康德在这部著作中，认为原始物质本身具有引力和斥
力，这对相反的力的相互作用引起了事物的运动。这就摆脱
了牛顿无法解释运动的第一推动者的困境。然而，为了与莱
布尼茨－沃尔夫哲学一致，他又不得不承认原始物质是上
帝的创造，事物的规律也是上帝的一种明智的设计。不管怎
么样，事物的运动和变化可以暂时不需要上帝来解释，这
样会给人留下一个印象：康德不信仰上帝。这本书的影响如
果扩大了，就会给康德带来很多不便。戏剧性的是，这部著
作出版不久，出版商就倒闭了，法庭没收了出版商的财产，
包括康德的这本著作。这部书的影响就很小了，只有一篇
书评。

第3章

硕士毕业：新的开始

鼓励独立思考的讲师

1755年4月17日，康德在哲学系提交他的硕士毕业论文，题目是《论火》。这篇论文虽然基本上是特斯克的观点，但是大部分是他自己的想法。在答辩中，康德表现得很睿智。答辩顺利地通过了，康德的表现给哥尼斯堡人留下很深的印象，他变得小有名气。

按照普鲁士的规定，硕士要取得执教资格，除了提交硕士论文之外，还必须提交另外一篇论文。当今的德国也有相似的规定，一个博士生毕业了，必须撰写另外一篇论文，通过答辩，才有机会获取教职。为了满足这一条件，康德提交一篇题为《对形而上学认识论基本原理的新解释》的论文，在这一年的 9 月 27 日参加口试。

这篇论文提出的问题是"真理的可能性的根本基础是什么"。按照沃尔夫的看法，一切事物的存在都遵循两个基本的原理：矛盾律和充足理由律。前者是说同样的事物不可能同时存在又不存在。因此，它对认识没有帮助，只能说明自相矛盾的东西，是属于同一律的一部分。但是康德认为，同一律本身包含两个原理：第一，存在者存在，即 A=A；第二，不存在者不存在，即 A ≠ -A。矛盾律不属于这两条原理，所以，它是一条更基本的原理。

充足理由律认为任何事物的产生和变化都是有原因的。比如一个人现在从椅子上站起来，他可能是肚子饿了想吃饭，也可能是看到一个熟人，要打招呼。不管怎么样，他的行为是有原因的。这个原理很广泛地运用到自然事物，自然科学的规律都是以这个原理作为其前提条件的。可以设想，当牛顿看到苹果落地时，如果他不预设充足理由律，不相信苹果落地是有原因的，那么他就不会继续研究，也不会发现万有引力定律了。

问题是：这个原理是否能够以同样的方式适用于人的任何行为？当法官审问犯人作恶的原因时，如果犯人回答他作恶是由于其他人的影响，那么法官可以认定犯人是有罪的吗？很显然，人的生活经历告诉自己，这个犯人是有自己的选择的，他是自由的。如果这个原理可以适用于人的一切行为，人没有自由的选择，那么，人就不需要为自己的行为负责。由此，沃尔夫同时代的人谴责他的这个原理摧毁了道德和宗教。

康德对它作了一些改进。他一方面承认在先后顺序上，一个事物的发生都是有自己的原因的。另一方面他认为，就事物本身而言，它可以不受外在的影响，有让自己运动的力量。就人的行为来看，它是有原因的，充足理由律可以适用于它。同时，人能够不受外在的决定，自己来选择某种行为。由此，他能为自己的行为负责。这种看法已经很接近于康德在批判哲学中所持有的立场，即人一方面是处于自然之中，受到自然规律的决定，另一方面是自由的，能够自我决定。后者更根本，是人的价值所在。

按照当时普鲁士的规定，聘任正教授的人，必须完成至少三次公开的论文答辩。于是，康德在第二年的4月份提交并答辩了论文《自然单子论》。这篇论文的基本立场没有变，他还是站在调停牛顿和莱布尼茨的立场来阐述自己的观点的。人们以什么方式来解释事物的构造呢？莱布尼茨认为事物是由单子构成的，单子不可分。牛顿则立足于对事物的经验观察来总结其规律，认为事物是可以无限地分割的。二者存在矛盾。康德认为，我们生活的空间是可以无限分割的，符合牛顿的物理学。事物的真实构成是不可分的单子，具有内在的能动性。前者是现象，是我们可以认识的领域，后者是事物的本质，只有通过理性才可以认识。

康德的调和立场让掌控当时大学话语权的虔诚派感到很不满，所以他申请克努真的逻辑与形而上学的教职未获得批准。但是他的 3 篇论文让他在当时的学术界有了一定的影响力，更重要的是，他可以在大学开课了。

在当时，大学是不付给讲师薪水的，讲师必须靠学生支付的钟点费维持生计。收入的多少完全取决于他们吸引学生的多寡，这种维持生活的方式比较艰难，所以很多讲师需要兼职来维持生计。比如，有的讲师就通过给学生提供食宿来获取一份收入。康德也面临这样的处境，他需要开很多课，而且必须避开教授上课的时间。据记载，康德在第一个学期（1755—1756 上学期）讲授逻辑学、形而上学、数学与物理学，1756 年下学期，他又增设地理课，在接下来的新学期，他又讲授伦理学，总课时数最多达到 24 个钟头。

当然，德国当时的大学也与现在的大学一样，授课有固定的时间安排。上学期一般从 10 月中旬到 3 月底，下学期一般从 5 月初到 9 月中旬，所以康德在 4 月和 9 月各有一个月的假期。除此之外，学期中也有一些假期。这些加在一起，康德一年有 4 个月的时间可以安排自己的事务。

无论是教授还是讲师，授课都必须使用教材，有些教师只是照本宣科，但是康德完全不是这样的。他不会拘泥于教材，只是按照教材的既定顺序，讲解自己的观点。按照一些传记家的记录，他经常脱稿演讲，说出的观点总是非常有趣。在讲课中，他时常会讲一些笑话，引起哄堂大笑之后，他却还是很严肃的样子。

据说，康德讲课虽然不会按部就班，也不以重复来强调讲课的内容，但是也不善于深入浅出、循循善诱地指导学生。所以，学生必须时刻集中精神，否则随时可能跟不上。与当今大学生的上课方式不同，康德不喜欢学生低头做笔记，认为这样学生没有独立思考的时间。同时，康德是一个注重自己形象的人，不会讲一些低俗的笑话来取悦学生。

对现在这个时代最具有启发的也许是，康德不喜欢那种死背笔记、亦步亦趋的学生。他经常教导学生："哲学不是一门学习和背诵的学科，而是需要自己独立思考的学问，你们跟着我不是学哲学，而是学习如何进行哲学的思考。"如何进行哲学的思考呢？哲学必须首先面对问题，然后利用理性来思考和解决问题。所以，哲学是一门理性的学问，不能总是停留在常识的层面上来解决问题。当然，在学习的过程中，会接受外来的知识，它们会丰富眼界。康德给学生的建议是，把这些知识分门别类，在接受新的知识时要问问自己：它们可以属于哪一个类别？和自己原有的知识的关系怎么样？

康德的形而上学的课程所使用的教材是鲍姆加通（Baumgarten）的《形而上学》（1739），逻辑学使用的是迈埃尔的《理性学说摘要》（1752）。鲍姆加通是莱布尼茨－沃尔夫哲学的追随者，在当时的德国影响很大，康德在很多著作中都提过他。康德在使用教科书时，一般会加上一些空白页，记下自己的读书心得。他还在教科书的一些比较重要的地方的边缘处作一些批注。这些笔记和批注对于研究康德的思想很重要，其中有些在康德在世时，就已经正式出版了，比如《逻辑学讲义》。有些是后来出版并收入了《康德全集》的，比如《伦理学讲义》《形而上学讲义》等。由于新的资料不断地被发现，这些讲义的内容也在不断地更新。目前德国柏林科学院正在整理这些材料，以便人们进一步研究康德。

康德的讲课效果是很不错的，他的课堂总是座无虚席。据当时听课的学生回忆，他用自己的真才实学吸引了许多其他老师的课堂上的学生。对于这些老师来说，这是一个不幸的事实。尽管这样，康德前几年还是比较辛苦，据说他总是穿同一件外套，直到穿破为止，他的朋友们想集资帮他买一件新的，但是被他婉拒。他拒绝别人的帮助的原因，我们不得而知。也许如他后来所认为的，施与者与受助者是一种不平等的关系。康德对人的尊严的强调，使他不愿意轻易地接受别人的帮助。

俄国占领时期：思考的暂时中断

1756 年，七年战争开始，战争过程中，普鲁士战败，不得不放弃哥尼斯堡。两年后，俄罗斯军队抵达哥尼斯堡。市政府、市民以及贵族代表，一同向俄军表示臣服。不久，所有的官员都向沙皇宣誓效忠。哥尼斯堡开始了长达 5 年的俄国统治时期。

哥尼斯堡虽然有一些反抗，但整体上保持着平静。普鲁士的官员们继续办公，每个人的薪水也与从前一样，未受影响。俄罗斯人对大学的教师们礼遇有加，部队的官员经常过来听课，教师们也经常受邀参加他们举办的舞会。当然，教师们对俄罗斯人有不同的态度，有的人与他们保持距离，有的人与他们正常交往、逐渐熟悉，还有人对他们阿谀奉承，试图获得更多的好处。康德既不属于前者，也不属于后者，属于中间的那群人。

哥尼斯堡长期以来受到虔诚派的影响，鄙视现实生活的享受。俄罗斯人的到来改变了这些观念，让日常生活充满感性享乐的情调。贵族和平民之间的差距被缩小，喝酒、晚宴、舞会等这些曾经被宗教人士不屑的娱乐，逐渐被哥尼斯堡人所接受。无论是灵魂，还是肉体都获得解放。然而，有些保守之士可能会觉得这不是解放，而是一种道德的堕落。

康德是其中的受益者。首先，他的经济状况得到改善，许多军官来听他讲课，给予他丰厚的报酬，同时他也经常被邀请参加他们的派对。其次，这些广泛的交往，让他结识很多上流人士，比如银行家、成功的商人、高级的官员等。其中，他认识了当时的女伯爵凯瑟林克。

据说，二者最开始的交往源于女伯爵请康德做她的儿子的家教。工作的方式是由伯爵家派马车接他去上课，然后再送他回来。伯爵的家族是书香门第，有很浓厚的文化氛围。难能可贵的是，女伯爵对哲学很感兴趣，曾经翻译过沃尔夫的著作。她经常邀请康德参加聚会。可以想象，她很赏识具有聪明头脑和独立思考能力的康德。他们之间的友好关系保持了 30 多年。康德非常尊敬比他小 3 岁的女伯爵，对她始终赞美有加。需要补充的是，他们之间没有发生过任何罗曼史。据猜测，原因可能是他们的地位差距如此之大，以至康德不会产生超出友谊的念头。

康德对女性的看法是比较保守的，这种保守的态度一直到晚年。在《道德形而上学》中，康德把丈夫与妻子的关系类比于主人与奴仆的关系。不过，这也许只是对当时妇女状况的一个描述而已，在文中，他捍卫妇女的权利。比如，他认为丈夫不能把妻子仅仅当作手段来使用，而应该同时把她当作目的，应该尊重妻子。如何能够使妻子获得与丈夫平等的地位呢？在他看来，妻子应该拥有平等的财产权。这种想法在18世纪的德国是超前的，即使在当代也很有启发意义。何以提高妇女的地位？最根本的还是妇女提高自己的能力，特别是经济能力。有了自己的经济收入，女性才有独立性，拥有更多的话语权。

康德一生未娶，这在哲学家中并不少见，比如柏拉图、斯宾诺莎等都是单身。这就给人一种错误的印象，似乎哲学家都在思考天上的东西，无暇顾及地面的大千世界。实际并非如此。他们的婚姻状况与其个人情况有关。康德也认为婚姻很重要，在与朋友聚会时，他建议朋友们应该好好珍惜婚姻，并给出一些中肯的建议。

他一生曾经两次动过结婚的念头。第一次是与一个长得很漂亮而且有教养的妇女。她从外地到哥尼斯堡探亲，康德对她印象很好，产生与她共同生活的愿望。可是，他仔细地计算了自己的收入与开支，发现养家糊口有点为难。他犹豫不决，一而再再而三地没有表白。最后，这个妇女离开了哥尼斯堡，嫁作他人妇。另外一次，有个来自威斯特伐利亚的女孩吸引了他，与上次的情况一样，他迟疑太久，以至人家离开了哥尼斯堡，他还在考虑要不要向她求婚。从此，他再也没有考虑结婚的问题。也有朋友试图给他做媒，然而，他都刻意地回避这个事情。

康德分析造成这个局面的原因。他认为，在他年轻的时候，他需要女人但是他养不起；等到他能够承担起家庭责任时，他却不需要女人了。这种情况在当时的知识分子群体中是很常见的，很多人因为穷而选择单身。

在这5年时间内，康德主要停留在自己的私人生活里面，过着一种比较优雅的生活，被一些人评论为"优雅的硕士"。

思想的变化：人的发现

俄国人在1762年离开了哥尼斯堡，这对当地的居民没什么大的影响，尤其是对康德。不同的是，他之前是给俄国军官讲课，现在是给普鲁士的官员上课，他受到相同的礼遇。这一年有一件比较重要的事情，就是赫尔德的出现。他为了解这个时期的康德提供很多材料，而且赫尔德后来也成为一个有影响力的哲学家。赫尔德通过一个朋友认识康德，康德很快就注意到这个年轻人很有天赋。为了栽培他，康德为他提供免费的课程，并且向他推荐一些比较重要的课程，比如特斯克的物理课。

按照赫尔德的回忆，他所认识的这个时候的康德，正值38岁，是一个激情四射、很有活力、知识渊博而且有自己的独立思考和见解的人。康德给他的印象就是康德所唯一关注的只是真理，派系和门户之见与他无关，同时不肯独立思考的学生也不是康德所欣赏的。有的人或许认为他的评价有点夸大其词，不过在作出这种评价时，他与康德的关系闹得很僵，没有过分赞美康德的可能性。

赫尔德在康德的课上所做的笔记，很多都保存下来了。从这些材料中，我们可以看出，康德在这个时期比较关注道德哲学的问题。其中，卢梭和哈奇森很重要。在接触卢梭之前，与当时的很多知识分子一样，康德持有精英主义的立场，有轻视平民百姓的倾向。在阅读卢梭的《爱弥儿》时，他爱不释手，深深地被它所吸引，以至于一度打断他非常规律的日常生活。

如果说牛顿对康德的影响主要是使他发现"自然的本性"，那么卢梭的影响则是让康德发现"人的本性"。在《论优美感与崇高感》一书的附录中，康德说道：

> 我天生是个求知者。我时时感到知识的饥渴，

带着不安的欲望一步一步探索，时而因有所斩获而感到满足。长久以来，我相信那是可以为人类带来荣耀的唯一可能。我鄙视一无所知的乌合之众。卢梭在这方面纠正了我的错误，消除了我的盲目偏见，我学会了尊重人。我常常觉得，假如我（作为研究者）不想在奠定人权上给大家作些贡献，我就比那些普通的劳动者更没有用处。

"人的发现"使康德认识到人人都是平等的，都是需要被尊重的。人为什么是平等的呢？很显然，外在的财富、地位和荣誉等都不能给我们答案，因为这些东西恰恰说明人与人之间是不平等的。同样，上帝创世的学说也不能够让我们满意，毕竟人在上帝面前还是一个唯唯诺诺的存在者。在康德看来，卢梭也只是提出问题，而没有给他一个满意的答案。哈奇森的道德感理论让康德有了耳目一新的感觉。

哈奇森是英国的一名哲学家，他认为每个人都有道德感，道德的基础建立在道德感之上，善或恶的行为作用于人的道德感，会让人感到赞同或厌恶。由于每个人的天赋以及后天的教育程度等的不同，人的认识可能会有区别，但是道德感对于每个人来说是一样的，这就为人的平等奠定了理论基础。如果是这样，那么我们还需要上帝作为道德的基础吗？很显然，不需要，因为道德感足以解决原来需要上帝才能够解决的问题。

从 1762 年到 1764 年，康德出版了一些著作。1762 年出版《三段论四格的虚伪烦琐》，探索把感觉经验引入到哲学的问题。第二年的《证明上帝存有的唯一可能的根据》，反驳了沃尔夫等理性主义者从上帝的概念推出上帝的存在的做法，认为要证明一个事物的存在必须依据经验。这个思想是康德始终都坚持的，并且发展为后来在《纯粹理性批判》中影响非常大的"对本体论证明的批驳"。同年，康德发表了《将负值概念引入哲学的尝试》，也是对沃尔夫理性主义的反驳，认为原因和结果不是分析性的，不能从原因的概念逻辑地推出结果，也不能从结果的概念逻辑地推出原因。原因和结果的发现必须通过经验观察，不是拍拍大脑就可以知道的。

1764 年，康德出版了著作《论自然神学和道德原则的明晰性》。康德虽然赞同哈奇森的道德感理论，但是他还是持有一种批判的眼光。他认为，道德的基础是理性还是道德感依然是需要我们探讨的问题。康德持续很长时间来思考这个问题，一直到批判哲学时期才确立下来。康德在这部著作中还提出对于哲学的方法论的问题的思考。在莱布尼茨、沃尔夫等理性主义那里，哲学参照的是数学特别是几何学的方法，以严格的逻辑论证来推出自己的结论。在康德看来，哲学需要有严格的逻辑论证，但是哲学所解决的问题和现实相关。与几何学的精确规定不同，现实是比较复杂的。虽然两点之间的直线最短，但是现实中很难找到完全符合直线定义的事物。在讨论哲学问题时，开始并不能获得与数学一样精确的概念，而是应该不断地辨析，让概念逐渐地清晰起来。

这段时间，卢梭对康德的影响是最大的。他让康德思考了另外一个问题，即人的平等和尊严的问题，尽管在当时未获得答案。

第 4 章

不 惑 之 龄

1764 年，康德已经 40 岁了。"三十而立，四十而不惑"，40 岁是一个重要的年龄。30 岁的康德游刃于尘世之间，过着不规律的生活。到了 40 岁，周围发生的事情让他努力思考人生的一些问题。首先是在他 40 岁生日的前几天，他的好朋友丰克去世了。康德是一个感情丰富的人，对于朋友的去世，他的内心是非常痛苦的。失去这个朋友让他倍受打击，他开始思考生命的意义和死亡的问题。其次，康德的身体不是很好，他身高 157 厘米左右，比较瘦小。按照他的回忆：

> 由于我的胸腔平坦而内陷，限制了心和肺的活动空间，使得我一直有"疑病症"的倾向，在早年

甚至有些厌世。但是想到我的胸腔阻塞可能只是物理的原因而无法改变以后，我便不再受其影响，以至于在我的胸部被压迫时，我的头脑还保持平静与快活。

康德的生理条件使他总是认为自己有病，这是一种"疑病症"。这种状况在18世纪的欧洲知识分子中是比较常见的，知识分子的体质本来就弱，再加上那时的医学不发达，很多问题无法解释。"疑病症"可能只是一种想象，也可能是实际存在的问题。据说，一个朋友拜访康德后，在一篇日记中写道，在吃完饭后，康德几次去看自己的排泄物，直到感觉确实没什么大碍才放心起来。康德也许除了心肺功能不好之外，肠胃也不太好。

40岁之前，康德不太在意自己的健康状况，这正如现在很多人认为年轻就是资本，不需要关注身体的健康一样。朋友的去世让他知道死亡在身边随时发生，对健康的担忧也随之而来。如何能够降低这种担忧的痛苦呢？康德认为，应该努力为自己的事业而奋斗，专注于自己必须要完成的事情。哲学的思考可以克服对死亡的恐惧，能够过更加有规律的生活。规律的生活不仅是道德的，而且对健康是有益处的。这样的想法对当下的生活方式也是有启发意义的。

另外一点，这段时间，康德新交了一些朋友，尤其是格瑞对他的生活很有影响。格瑞是一个英国商人，与康德一样是一个单身汉。他很早就来到哥尼斯堡，不过他的生活方式与30多岁的康德完全不同。他没有卷入花花世界之中，而是严格地按照规律生活。格瑞的生意做得很成功，在哥尼斯堡很有地位，结识了很多达官贵人。同时，他也是一个有书生情怀的人，乐于读书和思考。与他相识之后，康德就成为他家的常客，他们相聚也非常有规律性。这种规律性起初不是因为康德，而是格瑞。据说，邻居们可以根据康德傍晚离开格瑞家的时间来校对时钟：到了7点了。

有一些有趣的传闻可以说明格瑞的生活是多么有规律。据说康德与他约好某天早上8点乘马车出去旅游。格瑞从7点45分开始等康德，一直没看到他的踪影，在8点钟准时出发。格瑞在路上遇见康德，不管康德怎样与他打招呼，他还是经过康德的身边继续前行。格瑞如此富有规律的生活，改变了康德。比如康德过去喜欢玩牌，认为玩牌有益于大脑。与格瑞交往之后，他把牌也戒了。格瑞是一个不懂得欣赏美的人，在他那里，区分散文与诗歌只是二者的排版方式。他也不喜欢音乐，为此康德也放弃了早年听音乐的习惯。

康德的这种变化可以联系到他的哲学准则的概念。准则是行为的主观原则，是支配行为的根据。比如，看望一个生病的朋友，支配行为的准则就是"保持和促进友谊"。如果在能力范围内尽力帮助他人，那么准则就是"爱他人"。康德强调，这种爱不是情感的，而是基于理性。人是什么样的，具有什么样的品性，不是从行为来考察的，而是从准则来考察的。准则的形成不是他人的强迫，也不是天生就有的，而是人自己的选择。选择什么样的准则，就具有什么样的品性。因而，人是自己品性的创造者。

准则不是生活的规则。规则是易变的，准则是稳定的。一个人年轻时可以把"早上 5 点起床，喝杯咖啡，努力工作"作为自己的生活规则。中年以后，如果他不幸患上高血压，那么他的生活规则也许变为"早上等太阳出来后缓慢起床，喝杯白开水，再尽力工作"。但是他的准则可能是不变的，即"爱护自己，努力工作，实现自己的人生价值"。

从准则的概念出发，可以认为 40 岁的康德经历了从一个准则到另一个准则的变化过程。这个过程的起因大致是前面的一些因素。人是一个具有感性的理性存在者，总是在感性和理性的"十字路口"进行选择。虽然人应当选择理性的生活，但是他总是受到感性的诱惑。康德早些年把感性的生活当作自己的准则，在经历了一些事情之后，他回归到理性的生活。如果没有这种转变，也许就没有后来的康德。

康德的这种转变在哲学史上并不罕见。中世纪一位著名的哲学家奥古斯丁早年就沉迷于享乐，甚至做出一些荒唐的事情。后来他皈依基督教之后，潜心于著书立说和讲经布道。他的著作《忏悔录》以优美的文笔和真挚的情感，讲述了他浪子回头的心路历程以及他对基督教信仰的独特感受。康德的经历与他有类似之处，只不过，奥古斯丁的准则是从感性到信仰，康德的准则是从感性到理性。

第5章

沉默而关键的 10 年

就 职 论 文

就职论文的背景

1770 年 1 月，耶拿大学给康德提供了一个教授的职位，但是他没有接受聘任。可能有如下原因：第一，对于当代人来说，距离已经不是很大的问题，但是对于 18 世纪的欧洲人来说，长途跋涉仍然是一个很大的难题，至少对于康德来说是这样的；第二，哥尼斯堡有他的社交圈子，他习惯了这里的生活方式，他自认为自己适应新环境的能力并不强。这一年 3 月，哥尼斯堡大学的数学教授去世了，空出了一个教授席位。康德马上向柏林提出他的申请教授的要求。他没有申请数学教授的职位，而是建议交换教席。几天之后，学校批准了康德的申请，宣布任命他为逻辑学与形而上学的教授。康德终于得到15年来一直梦寐以求的教席。

担任教授之后，康德的财政情况好转起来。他的收入虽然不是特别高，但是足以让他过上比较舒适的生活。从此以后，他没必要像一些讲师那样为了生计而在外面兼职，可以专心致志地从事自己的教学与研究。

按照当时的规定，申请教授者，必须提交并且答辩一篇论文。康德于这一年完成了一篇用拉丁文写作的就职论文，题目是《论感觉界与理智界的形式和原则》。虽然这篇论文写得比较仓促，但是却首次系统地展现批判哲学的重要方向。康德自己也认为，这篇论文是"前批判时期"的结束，以及"批判哲学"的开端。

康德一开始在哲学上是一个理性主义者，相信莱布尼茨－沃尔夫哲学体系，认为人们可以仅仅通过理性来认识这个世界。后来他接触到哈奇森等一些经验主义者，开始逐渐怀疑过去的信念，对理性主义者进行了批判。经验主义者认为，知识都是观念，观念来源于对外在事物的观察，人通过归纳法来获得普遍性的知识。归纳法可以获得确定的知识吗？归纳法的预设是因果关系的普遍性和必然性，也就是说，预设一个事物的产生和变化总有一个原因。问题是，可以观察到原因和结果的必然性吗？很显然，不可以，正如人只可以看到圆盘，不能够看到"实体"一样。经验主义者一般会把这种必然性当作一个预设，而不去反思它的可能性。

康德也在思考这个问题，为此，他重温休谟对这个问题的思考。休谟是英国的一位哲学家。他站在彻底的经验主义的立场上展开对因果关系必然性的怀疑。知识对象源于经验的知觉，这些知觉彼此之间没有说明原因和结果之间的必然关系。看到一只船在向下游行驶，可以推断出，它从上游而来。肚子饿了，吃一块面包，肚子饱了。以后当肚子饿了时，人就会想到吃面包来解决这个问题。于是，人就会认为吃面包和饱肚子之间具有一种必然的因果联系。

在休谟看来，这样的常识所认同的因果的必然性是一种错觉。人相信这种因果的必然性，是因为人认为自然的发展变化是一致的。"太阳底下无新事"，过去发生的事情将来也会发生。但是过去和将来相似这个信念是可以论证的吗？不可以，因为人能够无矛盾地设想将来和过去不相似。虽然过去6月从来没有飘雪，但是人仍然可以设想6月有飘雪的可能性，至少一些小说家这样描写时，读者们没有感觉到荒谬。同时这个信念也不是知觉可以观察的，知觉只告知过去的经验，没有告知将来会发生什么。这个信念只是一种习惯而已，没有严格的普遍性和必然性。人只是相信过去发生的事情，在类似的情景下，将来也会发生。当肚子饿了，人由过去的经验，相信吃面包会饱肚子。至于吃面包是否必定会让我们饱肚子，休谟认为，这是人所不知道的。当然，休谟是一名绅士，他只是在哲学理论上进行了这样的怀疑，在生活的实践中，他还是坚守日常的规范。

休谟的怀疑使康德放弃经验主义能够构建科学的形而上学的可能性，也威胁到他对牛顿的物理学的信念。因为物理学预设因果关系的普遍性和必然性。康德不得不寻求另外的出路来构建科学的哲学体系。这个转折在就职论文中勾勒了一个初步的图景。

就职论文的内容

康德就职论文的基本特征是区分感性和知性。按照沃尔夫的看法，感性和知性没有根本的区别，只不过前者是对事物本身的一种模糊的认识，后者是对事物的清晰的认识。但是，在康德看来，二者的区分是根本性的。感性是一种接受性的能力，外物的刺激使人产生对它们的认识。知性具有主动性，能够产生那些感性无法认识的知识。感性和知性都遵守各自的法则，二者所认识的对象也是不同的。感性认识的是事物的现象，所构建的是数学的知识。知性认识的是事物的本质，或者说物自身，所构建的是物理学和哲学。

数学的知识与空间和时间有关。空间和时间的关系是比较复杂的，我们看到一个桌子，它的长、宽和高给我们空间的观念。太阳东升西落、时钟指针的移动都给我们时间在流逝的观念。我们用空间移动来衡量时间的长短，匀速列车所运行的路程越长，时间越长。常识感知时间的方式更直观，毕竟我们不能够直接地感知到时间。近代很多哲学家也是以空间来定义时间的。康德受到了这样的影响，不过他把二者并列起来，认为它们是我们感性的先天形式。它们是主观的，但是同时也具有普遍性，因为每个人都在以时间和空间的形式感受这个世界。几何学的点、线和面是一种空间的关系，代数作为计数是一种时间的关系，事物的形状、运动等只是它的现象，不是它本身。因而数学表达的是事物现象的知识，哲学研究的是事物本质的知识，所以哲学存在于人的知性之中，超越于时空之外。

道德哲学给我们提供道德完善的知性概念。沃尔夫虽然也把道德的完善作为我们行动的原则，但是由于他没有区分知性和感性的界限，所以他的道德完善概念没有纯正的起源。康德在 6 年前也探讨过道德哲学的问题，他那时持有道德感的学说，没有确定道德的原则是起源于感性还是理性。他现在明确地说明他倾向于后者。不过有所区别的是，以前的理性的概念是通过归纳法获得的，比如我们通过观察很多美丽的事物，可以得出美丽的概念。现在的理性（知性）概念和感性的事物无关，类似于柏拉图的理念，只是人的思维的产物。

康德的就职论文对感性和知性的区分，以及把道德的原则建立在知性之上，这是康德后来一直坚持的。需要注意的是，随着他对哲学的进一步思考，具体的内容有所变化。与批判时期最大的不同点是，康德此时相信理性能够认识事物本身（物自身）。

就职论文发表后，不乏回应者。康德比较重视的是约翰·舒尔茨的一篇书评。舒尔茨是一个牧师，在书评中，他首先肯定了这篇论文的重要性，认可康德把感性排除出哲学的观点。但是，作为一个教徒，他批评康德否定人有知性直观的看法。在康德那里，感性给人提供对象，是一种直观的能力，知性思维这些对象，给人以确定的知识。由此认识对象具有外在性，人不能创造自己的认识对象。如此一来，人无法认识自己的灵魂，不清楚自己是否真的信仰上帝。因为感性无法提供给知性关于灵魂和上帝的原初知识。为了维护信仰，舒尔茨不认可这一点。他认为，人没有知性直观是这篇论文的基础，但是康德没有给出合理的证明。的确，康德只是说明时间和空间是感性世界的原理，但是他没有论证它们为什么不同时是知性世界的原理。如果时空同时是两个世界的原理，我们拥有知性直观的能力，那么信仰就可以得到维护。

还有一些别的评论，比如兰贝特批评康德的观点来源于他的作品，因为他在自己的著作中也区分了感性与知性。不过，他也承认康德与他有一定的差别。其中最主要的是康德把数学看作感性的知识，而他把数学看作知性的知识。康德是不是存在学术界现在所认为的抄袭，或者学术不规范的现象呢？这不好判定，不过思想的发展都是继承性的。任何有价值的原创都有深厚的历史渊源，相反，如果它是凭空产生的，就有理由怀疑它是否有价值。康德在就职论文中的某些观点即使是参照了别人的，也是他独立思考的结果，依然可以看作是有价值的原创。

新的教学风格

在聘为教授之前，为了生活，康德必须讲授很多课，一周大概有 24 个小时。同时，他还在图书馆做兼职。1770 年成为教授之后，他可以稍微缓口气，但是课程并没有一下子减少，一周还有 16 个小时的课时量。除此之外，他还必须承担一些原来没有的工作，比如要指导学生。上课的方式也有了新的要求，按照规定，教授要开设讲演课，这些课一般是早上7点开始。他开始不习惯早起，以至于不得不雇一个仆人来叫醒他。所以，康德生活的规律性很大程度上是因为工作的需要。

成为教授之后，他可以开设一些他比较喜欢的课程，比如人类学和逻辑与形而上学等课程。由于康德对这两门学科的看法不同，所以他的教学风格各异。人类学讲解人是什么的学问，分为经验的人类学和先验的人类学。前者在康德之前一直就有，是一种经验的心理学，和哲学放在一起讲解，关注人在什么样的情况下会做什么以及不做什么等。康德批判这种做法，因为哲学或者说形而上学是一门纯粹理性的学科，不能掺杂经验。于是，他把二者分开，分别讲授。先验人类学是康德的独创，从理性的角度说明人是什么以及人应当成为什么，在批判时期作了很详细的阐述。

从1772年之后，康德就一直开设人类学，他认为这是"一切实践哲学的源头"。他深入浅出地给学生讲解很多事例以及一些明智的处世技巧，吸引了很多学生。而他比较重视的另外一门课程——逻辑与形而上学，就完全不同了。按照一些学生的描述，这门课程内容艰深，不容易懂。这种差别除了与课程的内容有关之外，也说明他已经开始思考《纯粹理性批判》的问题了。

据记载，1776 年的下学期，康德第一次成为哲学系的系主任。按照学校的惯例，这个职位由教授们轮流担任。康德担任这个职务长达 6 年之久，同时他还是教务与行政大学评议会的一员。评议会是大学以及大学成员家庭纠纷的仲裁机构，要处理的事务很多，对于康德来说并不轻松。系主任要负责系里的考试，有些同事指责康德考试不严格，学生只要不是太差，他就让及格。康德确实没有其他人那样严格，没有限制学生的自由发展，因为他认为长在外面的树比温室里人工栽培的树要更好。或许，我们也可以认为，这只是康德的一个托词而已，毕竟他擅长哲学的思考，却不擅长行政事务。

这段时期上康德课程的学生中，最受到关注的有克劳斯与巴齐克等人。克劳斯是 1770 年到哥尼斯堡求学的。他是一个很爱思考，但是又比较羞涩的年轻人。他很崇拜当时已经颇具影响力的康德教授。由于大学教授和学生之间互动很少，他们的距离很远，所以他一直不敢拜访康德。后来他参加康德的理论辩论课，在讨论中他质疑康德的思想，并提出自己的见解。感到惊讶不已的康德在课后主动把他留下来，想进一步认识他。康德的主动接触在他的人生中是一件很重要的事情。

克劳斯的家境不好，康德帮助他在大学里找到了一份家教的工作，使他有了自己的收入，能够养活自己。除了上康德的课之外，他还对其他方面很感兴趣。比如他修过数学与英语，还仔细地阅读过休谟的书。休谟对他的影响不亚于康德，以至他最终没有追随康德的批判哲学。

巴齐克在 1772 年到 1776 年就读于哥尼斯堡大学，他上过康德的课。他的经历明显表现了康德教学风格的变化。他听不懂康德的形而上学的课程内容。他开始怀疑自己的思维能力，于是他借了一些形而上学的书，每天花很多时间阅读和思考，但收获不大。后来他与康德的一些学生交流，才发现他们理解得甚至比他还要差。于是他相信，他们只是因为虚荣才听康德的课。这让他产生哲学无用的想法，他后来转而攻读历史，在历史学上有自己的建树。

巴齐克的经历不算例外。康德不再重视学生的感受与自己受学生欢迎的程度，教学风格不再清晰明快。很多学生听康德的课，不是因为能够听懂，让他们有收获，而仅仅是因为他的课程晦涩难懂。听康德的课在那时成为一种时尚。康德意识到这一点，不过他并不在乎。相反，他认为，只有那些少数具有天赋的学生才能清楚哪些内容是重要的以及应该如何思考。对于多数学生来说，他们只是像记录员一样记笔记，而不知道应该如何思考这些内容。

这 10 年，除了就职论文之外，康德虽然没有发表其他著作，但是一直在思考《纯粹理性批判》的问题。他沉浸在自己思辨的王国里，与学生交流很少。大部分的学生他都不认识，他也不在乎学生能否在他的课程中受益。巴齐克是少数和康德在这个时期有交往的学生。巴齐克之所以能够走进康德的世界，据说是因为在人类学的课程上他能够提供实例辅助康德。康德曾经建议他攻读人类学，可惜他没有按照康德的建议规划自己的人生方向。

社 交 生 活

康德在哥尼斯堡有惬意的社交圈子，和当地的贵族以及商人都有来往。他定期造访女伯爵凯瑟林克，女伯爵也很敬重他。康德逐渐地熟悉了上流社会的生活方式，他优雅的举止和深邃的思想给人以很深刻的印象。根据当时一位天文学家在1778年到女伯爵家用午餐的回忆，他认为康德是一个在社交上活泼而有涵养的人。他还特地提到，虽然康德已经很久没有出版哲学著作了，但是康德保证很快就会有一本小册子出版。可以推测，这里的小册子就是后来出版的《纯粹理性批判》。估计康德此时对这本书的主题内容有个大概的思路，对篇幅却没有具体的规划。

康德与格瑞的友谊继续保持着。他经常在午后到格瑞家拜访格瑞。格瑞是一个很有经商头脑的人，除了打理自己的生意之外，他还帮助康德打理理财方面的一些事务。康德不再是一个穷人，他不用担心金钱方面的问题，可以安心地做自己的学问。

在1777年之前，康德住在康特尔的家中。由于邻居家一只公鸡的啼声经常打断他的思考，他不得不和邻居交涉，甚至愿意出高价买下这只公鸡。但是，邻居很固执，不理解自家的公鸡何以会干扰康德。读书人需要安静的环境来思考，不过，不是每个人都可以理解这一点。最后康德不得不搬家。新的住所也不舒适，房子很残破，非常寒冷，以至于房东不得不把窗户都砌起来。康德之所以选择这样的住房，除了安静的环境之外，还考虑到其他因素。合适的房子不好找，它除了提供给康德居住之外，还要有一个大讲堂。

康德没有成家，经常在外面进餐。餐馆的氛围是很重要的，他乐于与真诚和坦率的人交流，讨厌矫揉造作、喜欢卖弄的人。如果餐馆出现他不喜欢的人，他就会刻意回避，甚至逃到别的餐馆进餐。点菜对康德来说也是一件大事。肉要全熟的，早年他喜欢红酒，后来他更喜欢白酒。他乐于从容进餐，如果觉得哪道菜味道特别好，他会仔细地向厨师请教做菜的方法，还会提出自己的批判性的见解。康德的朋友们曾经打趣说，如果有合适的机会，康德会写一部《烹饪术批判》。

    康德这个时期的作息一般是这样的：5 点钟由仆人兰普叫醒，起初早起是一件困难的事情，后来他才逐渐适应。起床之后，他先喝一两杯清淡的茶，同时抽上烟斗。这是康德沉思的时间，他会思考这一天的计划。康德为自己定了一条每天吸一斗烟的原则，据说这一斗烟越来越大。接下来，他会准备讲稿以及写作。到了 7 点钟，他开始讲课，一直到 11 点钟结束。讲完课之后，他继续写稿，一直到下午 1 点钟吃午餐。吃完午餐后去散步，之后，他便和朋友格瑞等一起度过午后的时光，傍晚回家做一些简单的写作和阅读，然后休息。

    康德不需要整理自己的住所，仆人兰普会处置好这些事情，并且完成康德交给他的任务。总的说来，康德在这个时期不需要为生计所愁，也不需要操心日常的琐事。他可以广泛地参与社交、读书、思考以及写作等活动。他过着一种悠闲且有品质的生活。亚里士多德说，哲学家必须有闲暇，只有这样，他才能够进行深入的哲学思考。康德这 10 年时间，在闲暇中不断地积累和思考，最终成就了他在哲学史的地位。

第 6 章

批判的理论哲学

《纯粹理性批判》的出版

转变的重要性

奠定康德在历史上突出地位的著作，基本是在 18 世纪 80 年代以后完成的。这个时期，他基本上全身心地投入思考和写作，他的成果也很多，算得上是著作等身。这些著作尽管有 20 年来的教学内容与成果的基础，但是他的思考的深入程度还是无与伦比的。通常提起康德时，都会想到他这个时期的著作，似乎他只是一个从来没有离开过哥尼斯堡、没有自己的生活经历、凭空就写出这些著作的哲学家。童年

时代的温馨、少年时代的苦闷、青年时代的自由、中年时代
追求感性的生活以及后来的皈依，这种皈依不是宗教的皈
依，而是道德的皈依。他在不断的转变中反思自己，很难说
康德的哲学与他的人生经历无关。可以设想，他的哲学的批
判精神也是他对自己人生变化的一种反思。

正如他的人生经历一样，他的哲学思想也有类似的转
变过程。最开始，康德相信莱布尼茨－沃尔夫的哲学体系，
相信理性和推理，鄙视感觉经验，认为理性可以认识这个世
界。接着他接触到牛顿的自然科学，牛顿通过感觉经验和推
理构造一个完美的物理学体系，比较好地解释了这个世界的
运动和变化。这让康德产生了对理性主义者的怀疑，反思脱
离感觉经验的思辨体系是否能够获得可靠的知识。他开始重
视经验观察。

如果说，在接触卢梭之前，康德一直在象牙塔之内思考
自然知识的问题，那么法国启蒙运动特别是卢梭让康德转向
对人本身的思考。康德非常认同卢梭认为人是平等的思想，
即使他不满意卢梭没能够具体地解释人的平等的根据。休谟
的出现让康德明白不仅经验主义无法建立起科学的形而上
学，而且理性主义也不能给出任何确定性。他过去相信的理
性主义和经验主义都是独断论。独断论的特点就是在没有考
察认识能力的情况下，想当然地认为有能力完全把握这个世

界。人总是在说些什么，而不考虑是否能够这样说。比如，说上帝是存在的，然后以不同的方式论证它的存在，却没有仔细地思考"存在"的意义是什么以及如何能够认识到"存在"等问题。再比如，说这个世界是单一的或者是复合的，却没有反思"世界"是什么，是否可以认识"世界"。所以，对看似相同的东西，可以得出不同甚至完全相反的结论。哲学总是有很多无法解决的问题和无法平息的争论。

康德的身体也是他转变的一个原因。据记载，他一直有疑病症，早年有心悸的毛病，后来担心他自己的肠胃的问题。他时常感到胀气和便秘，不得不使用泻药，以致他的身体状况受到影响，使他经常提不起精神来。很难说这种担忧完全是心理的问题，因为当时的医学无法对他的身体作出详细的诊断。或许他的身体确实有问题，由于无法获得医生的帮助，造成他长期的心理负担。另外，康德写作《纯粹理性批判》时，已经有57岁了。他周围的很多人没有活到这个年纪，有的人还被病痛折磨着，而他在这个时候没有生大病，他认为这归功于他悉心照顾自己身体的疑病症。

为了摆脱疑病症对他在精神上的折磨，康德用严格的规则来约束自己。在生活习惯上，他早睡早起，读书、思考、写作、社交与娱乐交替进行，而不失规律性。在精神上，他认为关注于自己的哲学事业是心灵平静的最好药方。沉浸于精神世界让康德抛掉日常生活琐事的担忧，成为我们所熟知的哲学家。批判哲学所关注的问题之一就是人的自由的问题，自由就是人的自律，简单地说，自由是自己约束自己，这也是他的生活方式的反映。

哥白尼式的革命

前面说过，根据别人的回忆，康德在1778年对《纯粹理性批判》的篇幅还没有完整的概念，认为它只是一本小书。出乎意料的是，3年之后，他出版了近800页的《纯粹理性批判》。他曾经说明，这本书是在4到5个月之间完稿的。也有其他的证据支持这个说法。按照一个与康德有接触的传记作家的记载，康德写这本书没有什么特别之处。他先在大脑中设计一个提纲，然后详细地整理出来。接着他把必要的补充和更详细的说明写在纸条上，把它们夹在初稿里。过一段时间之后，他把全部的材料再整理一遍，然后清楚地撰写一遍，准备复印。

也有人说，这本书的初稿给格瑞仔细地看过，经过两个人的商量之后，才最终形成定稿。如果是这样，那么这本书就不是康德独立完成的，而是二人合作努力的成果。格瑞可能确实仔细地读过初稿，但是无法确定地判断他对康德到底有多大的影响。由于康德在格瑞去世之后发表了一些著作，这些著作与《纯粹理性批判》的写作风格和思想是一致的。所以，格瑞可能在某些细节上影响了康德，而主要的思想和论证还是康德自己的。毕竟康德是一个独立思考能力很强的人。

这本书虽然写作只花了四五个月，但是它的很多素材在18世纪70年代的讲义中就已经有了雏形。康德从1770年到1781年，除了就职论文之外，基本没有出版任何哲学著作。这些年他没有闲着，而是不断地思考。所以，与有些人认为这本书是一本拼凑而来的著作相反，可以肯定地说，它是一部深思熟虑的著作。正是因为长时间的成熟思考，他才可能在比较短的时间内完成它。

在这本书的开始，康德回顾了哲学发展的历史。他说哲学是一个相互斗争的战场，开始是独断论，后来是怀疑主义。后者就像游牧民族似的，拆毁前者所建立的大厦。康德作了一个比喻，把哲学的处境类比于女王的处境。哲学从被人尊敬的女王沦为被人厌弃的妇女。但是，人总是需要哲学的，因为人总是在寻求事物的第一原因，总是在研究人是自由还是不自由的终极问题。

哲学何以能够摆脱这种不利的处境呢？没有别的办法，只有进行自我批判。批判不是日常所理解的斗争，而是自我审查。理性应该自我审查，看看在没有经验的情况下，理性能够认识什么、认识的范围和界限是什么。由于哲学是理性的学科，所以通过理性的自我批判，就可以解决哲学的争端，回答哲学的可能性问题。

有没有可以让哲学借鉴的成功的例子呢？逻辑学一直是可靠的，从亚里士多德以来，它就没什么大的变化。不过，哲学不能仿照逻辑学，因为逻辑学没有特定的对象，只是思维的一般形式。剩下的就是几何学和自然科学。康德与同时代的很多人一样都具有相似的信念，认为几何学是确定无疑的，它提供了一个严谨而完美的典范。起初几何学也是在不断的摸索之中，后来，几何学家发现不应该只是紧紧地盯着图形，而应该心中首先有一些概念和原则，然后构造图形，从而得出一些结论。比如要证明三角形的三个角的和等于两直角，不必要看着三角形的图形，思索它是否具有这样的性质。相反，应该首先规定何为点、线、面以及三角形，列举一些公则和公理，然后论证。如果仅仅盯着三角形的图形，不从理性对它的规定出发，就会徒劳无功。

自然科学也是这样的，当伽利略把自己选定的重量的球从斜面上推下来时，他并不只是考虑能够从自然中得到什么，而是心中首先有一些想法，然后在自然中探寻，要求自然回答他所提出的问题。人在自然面前不是小学生，而是一个法官，用自己的理性塑造自然。由此，几何学和物理学都是由于思维方式的革命成为可靠的科学。

哲学能够以它们为榜样来成为一门可靠的科学吗？很显然，哲学一直处于摸索的阶段，哲学的知识没有确定性，总是公说公有理婆说婆有理，让人无所适从。既然它们三个都是理性的学科，所以哲学应该也能够仿照它们的道路前行。哲学过去的错误和曾经的几何学以及物理学一样，总是认为理性应当符合认识的对象，人才能够获得关于它们的知识。世界是有限的吗？为了认识这一点，人过去总是设想存在一个外在的世界，再去认识它。可是无论怎么做，都无法获得确定的答案。因为在人之外的东西，人很难获得关于它的确定的知识。

既然人过去把认识必须符合对象当作前提是失败的，那么新的思维方式的革命就是对象必须符合人的认识能力。这种思维方式使几何学和物理学走上了科学的道路，哲学以此方式应该也可以走上科学的道路。这种革命类似于哥白尼的革命。当哥白尼发现地心说无法解释很多现象时，他试着改变看问题的视角，让观察者围着太阳旋转，结果获得了更丰富的成果。当然，二者只是类比，哥白尼把太阳当作了中心，康德则把人的理性当作了中心。相同的是，二者都改变了传统的思维方式。

其实，无法判断，几何学和物理学是否真的如康德所认为的以哥白尼式的革命的方式走上科学的道路的。这只是康德自己的解释，也许他的心中已经先有了哲学如何走上科学道路的方式，接着把这种方式套在几何学和物理学上，然后以它们作为例证来论证他的观点——哲学应该进行一场哥白尼式的革命。

先天综合判断

思维的革命首先体现在他对判断的区分上。知识来源于经验观察，比如说一个桌子是白的，这只能通过观察而获得。但是，知识还有另外的起源，即理性的起源。否则，哲学还是会陷入传统认识论的"认识必须符合对象"的困境。

认识就是判断。要对某个东西说出某些内容，必须有所断定，这就涉及判断。"太阳"和"大"的观念都没有给予确定的信息。只有把二者连接起来，比如"太阳是大的"，才能获得新的内容。

判断需要分类。按照传统的方式，判断分为分析判断和综合判断。前者的谓词已经包含在主词之中，后者的谓词没有包含在主词之中。比如，物体是有广延的，物体的概念本身就包含广延的概念，人一想到物体就会想到广延的属性。物体是有重量的，这个判断是综合的，因为物体没有包含重量的属性。当然，我们现在一想到物体就会想到它是有重量的。但是在康德那个时代，广延才是物体的本质属性，重量则是物体和地球的关系的结果，不是物体的本质属性。

分析判断可以看作说明的判断，只是对主词作出说明而已。它不需要经验观察。综合判断是扩展性的判断，给主词增加新的内容。从来源上来说，分析判断是先天的，不需要借助于经验观察，具有普遍性和必然性。比如，不需要观察物体的形状来断定物体是有广延的。综合判断是后天的，需要从经验中获取新的信息。物体是有重量的，必须用手来掂一掂才可以证实，如果在太空中，同一个物体是没有重量的。

理性主义者重视分析判断，虽然他们也认为存在综合判断，但是他们认为这样的判断是不完善的，容易犯错误。经验主义者重视综合判断，因为他们认为知识来源于经验观察。康德认为分析判断虽然具有普遍性和必然性，但是它没有告诉人新的内容；综合判断虽然可以告诉人新的内容，但是它不具有普遍性和必然性。因为观察告诉人一个东西是怎么样的，并不是说它一定是这样的，比如看到一只天鹅是白的，并不是说所有的天鹅都是白的。

好的判断应该既如综合判断那样有新的内容，又如分析判断那样具有普遍性和必然性。这样的判断就是先天综合判断，存在这样的判断吗？既然数学和自然科学通过思维的革命走向了科学的道路，那么考察它们是一个不错的办法。

纯粹数学的命题是先天综合判断。首先这样的命题具有普遍性和必然性，与经验无关，所以它们必定是先天的。按照很多人的看法，它们也是分析的。但是，康德认为这样的看法是错的。7+5=12是分析的吗？7加上5的概念不包含12的概念。当然可能有人会反驳说：我一下子就想到它等于12。这是因为数目比较小，如果换成比较复杂的数字，就很难一下子想到结果了。所以，要想获得正确的结果，必须通过别的方式，即直观的方式，比如借助于5个手指或者5个点加到7的概念上去，才可以得到12。几何学的原理也是这样的，在命题"两点之间的直线最短"之中，"最短"不包含在"两点间的直线"之中。要得出这个命题，必须超出主词的概念，借助于直观。

自然科学的最基本原理也是先天综合判断吗？比如命题"一切发生的事情都是有原因的"肯定是先天的，因为不需要经验观察就知道它是确定的。同时，从"一切发生的事情"中无法马上想到"原因"的属性，所以它是综合的。其他的最基本的原理也是如此。

形而上学或者说哲学，虽然还没有像数学和自然科学那样成为一门科学，但是它也应该包含先天综合判断。首先形而上学是纯粹理性的学科，其判断是先天的。其次，这些判断扩展主词里面的内容，是综合的。所以形而上学也有先天综合判断，比如"世界是有一个开端的"，"世界"的概念不包含"开端"的概念。

由此，数学、自然科学以及形而上学都包含先天综合判断，这是一个不容怀疑的事实。哥白尼式的革命，即"对象符合认识能力"，理性把概念和基本原理给予数学和自然科学，同时通过直观构造以及经验来扩展知识，这是先天综合判断产生的原因。

批判哲学特别是认识论的基本问题就是：先天综合判断何以是可能的？由于数学和自然科学已经走上了科学的道路，所以只需要探求相应的判断何以是可能的就行了。哲学还没有走上科学的道路，与之相关的就是两个问题：作为一种自然的倾向的哲学何以是可能的，以及作为科学的哲学何以是可能的。通过对这些问题的探讨，康德一方面为数学和自然科学的普遍性和必然性提供理论基础，另一方面反思哲学的过去以及探索哲学的未来。

需要注意的是，在现在很多人看来，数学的判断是分析的，尤其是当代逻辑学的发展，通过构建模型，7+5不需要直观就可以知道等于12。这是不是证明康德的数学理论是错的呢？首先，数学不是康德的强项，这与他所受到的教育有关；其次，康德不是试图解决数学和自然科学本身的问题，而是把它们放在哲学的框架下，解决哲学的问题。所以应该从哲学的角度来理解康德对它们的解释。

感性理论——纯粹数学何以是可能的

康德把自己的哲学称为先验哲学，是要解决认识的可能性问题。这种可能性不是像经验主义所说的那样，从经验观察来寻求认识的来源，而是从理性中寻求知识的根据。这些根据分别是感性的先天形式、知性的范畴和理性的理念。

知识是对某个对象的知识，如果没有对象，就谈不上知识。对象从哪里来呢？按照理性主义者，对象是思维的产物，与外在的感觉经验无关。由此，知识体系仅仅是思维主观的产物。在经验主义者看来，对象是由感觉经验所提供的，人的心灵对这些感觉进行整理获得知识。前者的问题是知识完全脱离了观察的对象，后者的问题是无法获得普遍性的知识。

康德在对象的来源上，吸取经验主义的某些看法，认为感性具体地说就是直观提供对象。直观就是与对象直接地相关，看到一支白色的粉笔，这是对这支粉笔的直观。这种直观是由于有某个"东西"刺激，人才知道它是白色的。为了避免不可知论的宿命，康德继承理性主义的一些观点，认为理性具有某些先天的能力，给予这些知识以普遍性。

在感性的层次上，理性的先天的能力就是感性的先天形式——时间和空间。为什么会有形状和流逝的观念？这是事物本身的变化吗？按照牛顿的看法，时间和空间像两个空的大箱子，不同的事物都可以放在这两个空箱子里面，人就有了时间和空间的观念。莱布尼茨－沃尔夫则相反，认为时间和空间是事物之间的关系，它们是抽象而来的不清晰的观念。康德不同意他们的观点，认为无法设想两个空箱子。同时，时间和空间也不是事物关系的不清晰的观念，而是我们直观的先天形式。

观察到事物有不同的形状，感觉到时间的变化，就已经以空间和时间为基础了。同时，可以想象一个没有任何事物的时间和空间，而不可能想象没有时间和空间的事物。所以时空是主观的先天形式，使人产生形状和变化的观念。如果动物有感觉的话，也许它们对这个世界会有不同的感知。

只有一个时间和空间，不同的时间和空间是唯一的时间和空间的部分。当说这个房子很小时，是和其他的房子相比较而言。当感觉到度日如年时，是和曾经快乐的日子相比较而言。所以，先有了一个唯一的时间和空间的观念，然后才有此时、此地的观念，也就是说时空的整体先于其部分。概念与之相反，其部分先于整体，通过苹果才能理解水果的概念。由此，时空不是概念，而是直观。

按照预定的目标，时间和空间是人的直观的先天形式，它们分别使代数和几何学的先天综合判断成为可能。三角形的内角之和等于两直角之和，是通过我们直观的构造，即通过构造三角形的形状获得的结论。但是，康德没有直接地说明时间是如何使代数成为可能的，而是说它和运动相关。运动的事物既在某个地方又不在某个地方，只有预设时间的前后相继才是可以理解的。

人好像戴着一副"蓝色的眼镜"来观察这个世界。这个世界的任何东西看来都是蓝色的，至于事物本身是什么样子的，并不知道。也许在别的生物看来，这个世界是别的颜色的。不过有一点是确定的，这个世界存在着不依赖于认识能力的事物，这就是物自身。

知性理论——纯粹自然科学何以是可能的

按照休谟的看法，因果性原理只是习惯性联想的产物，没有普遍性和必然性。这样自然科学的根基受到质疑。康德是牛顿的支持者，相信自然科学的知识的确定性。回应休谟、为自然科学知识的确定性辩护是康德知性学说的目标。

感性为人提供认识的材料，但是它是被动的、个别的。当看到一个人走过来，他有高高的个子、白皙的脸，这是人的感觉印象，但仍然需要对他有进一步的认识。比如想知道他刚才可能做过什么、他与其他人的关系怎么样等。要获得进一步的信息，必须运用知性。知性是一种主动性的能力，提供概念和规则。

与康德的就职论文中的观点相似，康德认为知性和感性不是清晰程度的不同，而是有本质的差别。例如莱布尼茨认为感性只是对事物不清晰的认识，只有知性才能够给予人对事物清晰的认识，所以认识需要从感性上升到知性。在受到的中学教育中也有类似的看法，认为真正的认识是从感性认识上升到理性认识，达到对事物的本质的认识。康德不认可这样的观点，在他看来，感性是被动的接受性，提供认识的材料，知性是主动性，给认识提供规则。

感性和知性是人知识的缺一不可的认识能力，没有优劣之分。为了连接感性的材料使它们成为我们的认识对象，知性需要有一些连接的方式，康德称这些最基本的方式为范畴。虽然亚里士多德也讲范畴，把它们作为形而上学的对象来研究，但是康德不满意他的做法，批评他只是从经验的立场例举一些范畴，而没有系统地发展出范畴的理论。

范畴是一种将感性的材料按照一定的秩序整理为知识的普遍的概念。如果没有它，感性的材料就只是零散的，不能形成确定的知识。范畴是思维的作用。按照常识，思维必定有思维者，范畴作为知性的能力，必定也有相应的主体，康德把它称为"我思"。"我思"不是如苹果一样确实存在的一个东西，只是一种能力。能力的主体不可知。问题是何以知道有这种能力呢？康德会回答说，当范畴把感性的材料综合为知识时，就体现了这种自我的作用。由此，自我通过它的能力表现出来。人所认识的自我不是真正的自我，因为人戴着"蓝色的眼镜"，以特定的颜色看待它。其实范畴没有自我也可以表现主动性的作用，这也难怪后来黑格尔把康德的自我批评为一个怪物。

如何能够获得范畴表呢？既然康德批评亚里士多德的范畴表零散和不完备，他就要提出更好的看法。他结合判断的性质来解决这个问题。当有人说"我觉得你很高大"时，这只是一种主观的感觉，而"你是高大的"就是一个客观的判断，不仅对自己是这样的，对于其他人也是这样的。后者应用了"实体与属性"的范畴，表现了自我的主动性的作用。既然知性的主动性表现在范畴上，所以可以通过判断的形式推出范畴表。于是，康德以亚里士多德所创建的形式逻辑为基础，进行改造，推出他的范畴表。

范畴是知性的先天形式，是空洞的，通过整理感性材料来形成科学的知识。外在的对象必须通过时间和空间的整理才能够成为感性的材料，所以，时间和空间对感性材料的有效性不需要证明。但是范畴为什么能够有效地作用于感性的材料而形成知识呢？康德借用法学的术语——演绎来表述和解决这个问题。演绎是为了说明所得物的合法性问题，比如一个人拥有一幢别墅，这是一个事实。这个事实具有合法性吗？这就需要演绎，说明这个人是通过什么方式获得别墅的，这些方式是否合法等。同样，人把"一切发生的事物有一个原因"看作理所当然的，这种看法的根据在哪里呢？既然自我是一切知识普遍性和必然性的来源，同时它通过判断来表达知识，判断以范畴来整理材料，所以范畴是这些知识具有确定性的根据。

举个例子有助于理解。"这个桌子是白色的"是一个客观有效的判断。这个判断是如何产生的呢？首先，有一些不确定的感觉，比如硬度和色彩，这些感觉是有空间性和时间性的；然后，知性按一定的形式，把"实体和属性"等范畴应用到所感觉到的东西上面，连接起来，就得出这个判断。

知识是认识与对象的一致，按照康德的思维革命，对象要符合人的认识能力。通过感性论和知性论，人的认识对象不是事物本身，因为戴着一副有色的眼镜看待这个世界，然后以特定的形式整理这些材料。所以认识的对象是人的认识能力构造出来的，它必然符合人的认识能力。

这样，康德给纯粹自然科学知识的有效性奠定了基础：它们都来源于自我。他认为他也解决了休谟的怀疑论。的确，休谟认为人的认识都来源于经验，这诚然无错。不过，除了经验之外，人的理性能力也给认识提供必要的条件。因果关系不是通过归纳而来的习惯性联想，而是知性先天地赋予自然界的。

可以继续思考，休谟是否认可康德的解决方式。康德说因果性原理是人的知性赋予自然界的先天原理。休谟可以质疑，人在经验中可以观察到这些原理吗？吃了面包使人感觉到肚子饱了，这没有告诉此二者的必然关系。当然，哲学家总是站在自己的立场上解决问题，休谟想用经验观察的方式建立与牛顿类似的人学体系，康德则站在理性主义的立场上重构形而上学，思考人的尊严问题。他们的立场不同，对同一个问题的解决方式就各异。没有绝对的对或者错，因为人本身是非常复杂的，哲学家从不同的角度思考人本身，就会得出不同的结论。

理性学说——对过去哲学的批判

范畴是知性的先天形式，需要结合感性的材料才可以提供知识，所以它只能运用到经验，人所能认识的只是现象而不是物自身（事物本身）。但是，人总是利用范畴思考物自身，比如用因果性原理得出感觉经验一定有物自身的存在。物自身的概念是认识的界限概念，告诫人：自身的认识只能局限在经验的范围之内，不能逾越经验的界限。

不过，人总有超越有限试图达到无限的倾向。人的理性不满足于在有限的经验的范围之内获得的知识。知性告诉人事物变化和运动的原因，比如树木生长是由于光合作用和细胞的分裂等，汽车会跑是由于发动机将汽油燃烧的内能转换为机械能做功。但人不满足于仅仅知道这些原因，总是想知道这些变化和运动的根本原因。这个根本原因不是能够观察到的，只能够放在上帝那里。

康德在就职论文中，只是区分感性和知性，没有区分知性和理性。批判哲学的一个很大特点是区分知性和理性。它们有一些基本的区别。知性的逻辑形式是判断，它通过范畴把感性材料综合为判断，成为客观知识。知性为了产生知识，必须依赖感性的直观。感性是被动的、受限制的，知性由于受到感性的限制，只能产生相对的原理，即规则。相反，理性的逻辑形式是推论，即由两个以上的前提来推出结论。理性在推论中与感性直观没有直接关系，而只与概念和判断相关，力图把知性的规则上升到最高度的统一。它所产生的概念是理念，这些理念和经验对象无关，是知性所达不到的。

这些理念是传统形而上学的对象，分别是：灵魂、世界和上帝。康德进一步说明理性是如何推论出关于它们的知识的。理性通过为有条件者寻求无条件者，在直言推论中，找出不能同时作为谓词的主词，这就是灵魂的概念。在假言推论中，推论出一切现象的总和，这就是世界的概念。在选言推论中，得出一切条件的最高条件，即上帝的概念。

康德之前的哲学家比如笛卡儿认为自我是实体，具有单一的、非物质的以及不可毁灭等性质。这些性质都是以自我或者说灵魂是实体为基础的。什么是实体呢？只能够作为主词存在的就是实体。比如，张三，在一个有意义的句子中，它只能作主词，不能够作谓词。可以说"张三的皮肤是白色的"，但是不能说"白色的是张三的皮肤"。"白色的"是"张三的皮肤"的谓词，用来说明他的皮肤的性质。当然，在日常特定的语境中，可以反过来表达而不会引起歧义，但这里不讨论这样的情况。"张三的皮肤"作为个别性的存在，就是实体。

传统的哲学家的推论就是：大前提——凡是只能够作为主词的东西（比如"张三"）就是实体；小前提——自我只能作为主词；结论——自我是实体。康德指出，这个推论犯了"四名词"的错误，大前提中的"主词"和小前提中的"主词"是不同的概念，前者可以在经验观察中被思维，后者只是一个思维的统一性而已。所以这是一个无效的推论，传统形而上学对灵魂的知识都是错误的，只是一种假象而已。人所能认识的只是现象的自我，真正的自我是不可知的。

理性在对世界进行思考时，总是在追问世界是有开端还是无开端的；世界是复合的还是可以无限地划分的；世界有自由还是只有因果必然性；世界有没有绝对必然的存在者。对这几个问题无论是作肯定的还是否定的回答，都可以否证回答。从某个方面来说，肯定的回答和否定的回答都有理由。当说世界只有因果性时，可以推论出自由的存在。当说存在自由时，又可以证明这个世界是由严格的因果必然性所决定的。

这是一种独特的现象，康德把它叫作"二律背反"。它说明理性在对现象进行综合时，即使在表面上让人觉得很有成就，但是理性马上会陷入自相矛盾之中。这是人类无法摆脱的一种矛盾。人所能做的不是要摆脱这种矛盾，而是让自己不要被它所欺骗。

在这四个二律背反中，康德最关注的是自由和必然的问题。按照正题的说法，存在自由。正题的基本论证是，如果不存在自由，那么一切的变化都是机械因果律的模型。事件 A 发生和变化了，事件 B 是它的原因，事件 C 又是 B 的原因……最后推出一条无穷的链条，可这仍然无法说明 A 的原因是什么。所以必然有一个存在者，它是 A 的最终原因，同时也是自己的原因。按照反题的说法，不存在自由，一切事物都是由因果律所规定的。基本的论证也是反证法：如果存在自由，即自身开始一个因果序列的能力，那么它没有原因，这是与因果规律相矛盾的。所以自由是不存在的，只有机械的因果律。

看来，正题和反题都有道理。不过，康德有他自己的考虑，如果反题的说法是正确的，那么人就和其他生物一样被他物决定，没有自由，在宇宙中没有自己独特的位置。如果正题的说法是正确的，那么人虽然有自由，但是这对科学的发展是不利的。试想，如果牛顿看到苹果落地，认为苹果就是落地的原因，那么他就不会发现万有引力定律了。所以，自由和必然都很重要。

康德是如何解决这种矛盾的呢？按照批判哲学的理论，人所能够认识的只是现象，而不是物自身。当人说世界是有限还是无限时，人是把现象当作物自身，对不可认识的东西作了某些断言，所以无论是肯定的断言还是否定的断言似乎都有道理。其实世界既不是有限，也不是无限的。但是康德认为自由和必然的二律背反是可以相容的。当人说存在自由时，人是从物自身的角度来说的。当人说只有必然时，这是就现象领域而言的。区分现象和物自身，人就可以比较好地解决理性的二律背反问题。

康德在这里没有说自由必然存在，毕竟人不能认识自由。他只是说设想自由和必然的和谐存在是不矛盾的。他举了例子。一个恶意撒谎的人，人可以说他受到不良的教育、坏人的引诱等。然而，他还是要承担责任，因为他有自由。在他撒谎之前，他有能力不撒谎，撒谎的行为是自发的。

上帝的存在是传统哲学所关注的问题。康德总结他们的论证，认为历史上主要有三种论证方式：本体论证明、宇宙论证明和目的论证明。本体论证明是从上帝的概念推出其存在，宇宙论的证明是从事物的实存推出上帝的存在，目的论证明是从这个世界的秩序推出上帝的存在。康德认为，后面两种证明方式最终要归结到第一种证明方式。

在安瑟伦和笛卡儿看来，上帝是一个无限完善的存在者。他必然包含存在，因为如果他不包含存在的属性，那么他就有缺陷，不是最完善的。所以，上帝必然存在。康德反驳道，存在只是一个系词"是"（西文里面，"存在""是"都是一个词"being"），当人说上帝存在时，这只是从概念上说他存在，而没有从实际的角度说他存在。这就正如说"一百块钱"和"你的口袋里有一百块钱"一样，前者只是我们头脑中的想法，对我们的财富没有任何影响，后者才是让我们真正受益的实际存在。

当然，康德的反驳有经验主义的因素，认为存在是一个经验性的概念，说一个事物存在，就是说人可以通过人的感官来感知到它的存在，比如看到它、摸到它。笛卡儿是否会认同康德的批评呢？答案是不一定的，也许他会说康德的论证没有上升到理性的高度，还是停留于感性经验的水平上，而感性恰恰是我们错误的来源。不过，不管怎么样，康德的反驳是很有影响力的。

要注意的是，康德并不是说，上帝不存在。他只是说传统哲学证明上帝的方式是错误的，或者说人不能够认识上帝是否存在。

《未来形而上学导论》——为未来的哲学教师而作

出版后的回应

在《纯粹理性批判》出版之后，康德不仅期待人们对他的理解，而且也希望得到其他学者的支持和回应。其中他很期待当时很有影响力的哲学家门德尔松的看法。不过，当他得知门德尔松把这本书放置一旁时，他感到很失望。他也希望另外几个哲学家能够重视这本书，因为他感觉《纯粹理性批判》能够给哲学带来新的生机和希望，同时他也希望他们恰如其分地评价这本书，使它产生应有的影响和效果。可惜，他们没有达到他的预期，因为他们都不愿意花精力在这部艰涩的著作之上。

最早的书评出现在1782年1月19日的《哥廷根学报》上。这篇书评的作者把《纯粹理性批判》放入英国唯心主义的传统，把康德看作贝克莱和休谟的继承人。评论人认为，康德构建了一个更高级的唯心主义系统，与贝克莱相似，这个系统以主观的感觉和时空为基础。康德对自我以及对上帝的怀疑并没有超出休谟，很多内容休谟已经说过了，康德只不过是在重复已有的观点而已。

如果说这篇匿名的书评只是旁人的误解的话，那么康德的朋友哈曼的评论让康德更加失望。哈曼认为，康德是休谟的继承者，由于贝克莱是休谟唯心主义的来源，所以康德也是一个贝克莱主义者。如果这只是一种误解的话，那么他对康德的具体的学说的批评更显示出二者的差异。哈曼认为，康德的二律背反不是真正矛盾，只是语言的错误使用。人类语言运用的区别导致对世界、自由和必然的不同理解，产生矛盾。实际上，这不是事物的真正矛盾，只是语言的误用。由此，哲学的目的不是要澄清二律背反，而是首先要批判语言的运用。另外一点，哈曼是一个信仰宗教的人，他反对康德在这本著作中强调理性、忽视感觉和信仰的倾向。他把康德对理性神学的批判贬低为柏拉图的神秘主义。

康德肯定不同意哈曼的看法。在康德看来，二律背反不是语言的误用，而是理性自身的矛盾。必然是被他物所决定，自由是自我的规定，它们的区别是事物自身的区别。澄清二律背反是哲学走上科学道路的必经之路。哈曼可以看作当代分析哲学的先驱之一。当代分析哲学认为哲学的混乱是因为语言的误用，人的日常语言充满混乱，所以为了挽救哲学，哲学家必须对语言进行批判，制造出像数学符号一样精确的人工语言。可惜，这种思潮在后来逐渐受到了怀疑。

总之，同时代的人把康德看作贝克莱的信徒，指责康德是一个消极的怀疑主义者。这完全不同于现在对康德的理解，在当代看来，他是一个反对怀疑主义、构建确定知识体系的哲学家。休谟对因果原理的怀疑，激发他重建因果性原理的必然性的努力和思考。这点差不多成为现代人的共识，现在很少有人把他与贝克莱类比。

《未来形而上学导论》（1783）

《哥廷根学报》的书评让康德受到很大的刺激。他感觉自己的著作没有被人真正理解，甚至没有人愿意仔细地阅读它。他认为有一部分的原因是他晦涩的表达，除此之外，他年龄的增大、对健康的担忧让他过早地推出了这本书。在书评之后，他开始写关于形而上学导论的书，在1782年8月份完成，第二年的 4 月份出版。

在《未来形而上学导论》中，康德一开始就说明，这本书不是给学生用的，而是给未来的教师用的。他不是为了阐述一门现实的科学，而是应当首先发掘这样的科学。哲学也不是哲学史，因为科学的哲学没有诞生出来，还有待于发掘。只有将来产生了科学的形而上学，教师才可以把哲学当作哲学史来讲授。

在这本书的末尾"在研究之前对《批判》下判断的实例"一节中，康德针对《哥廷根学报》的书评作出系统的评论。他采取迂回的策略。首先他认为，一个好的评论人应该对所评论的书具有好的判断，这样不仅对读者有利，而且也让作者受益。可惜，《批判》的评论人完全不是这样，他根本就没有仔细地阅读这本书，或者说根本就没有读懂这本书，就对它作出不负责任的评价。这就好比一个完全不懂几何学的人，评论欧几里得的几何学一样。这个人把《几何原本》翻了翻，然后就说："这是一本系统地指导绘画的书，作者使用了一种特殊的语言来讲一些晦涩的道理，其实这些道理通过每个人的目测就可以明白。"

康德进一步作出辨析。贝克莱唯心主义的原则是"凡是通过感觉经验而来的东西都是假的，只有理性的知识才是真的"。比如蜂蜜，天冷时是固态，气温上升后是液态，但这些都不是蜂蜜的本质特性。由此，眼、耳、鼻、舌等感官都无法揭示事物的真相。而康德唯心主义的原则是"凡是仅仅来源于理性的东西都是假的，只有在感觉经验中的东西才有可能是真的"。经验知识从感觉中来，同时又有理性的成分。这些成分就是时间和空间以及知性的范畴，它们使经验成为真正的知识。贝克莱之所以把感觉经验看作虚假的，是因为他没有看到经验中的理性的因素。这一点恰好是他与贝克莱独特区分之处。所以，他的体系和贝克莱完全不同。

与对贝克莱的态度不同，康德对休谟持有非常友好的态度。他认为，休谟打断了他多年以来的独断论的迷梦，让他认识到他以前所持有的哲学方法是错误的。他甚至认为他的第一批判是尽可能地延伸休谟问题的结果，以至于他的朋友们称他为"德国的休谟"。但是，他没有同意休谟的结论，批判休谟没有考虑整体，只是局部的怀疑主义。在讲课和出版的著作中，他不断强调休谟的重要性，建议学生们反复仔细地阅读休谟的著作。

在康德看来，休谟对因果性的怀疑的关键点是"我们无法理解因果关系这个先天的概念"，所以，因果关系的来源不是理性，就必然有其他的来源，即习惯性的联想。在康德看来，休谟的看法就好比用视觉无法看到糖水的味道，就断定糖水没有味道一样。虽然无法设想先天的因果关系，但是它可以从知性的逻辑功能中推出来。康德在第一批判中，在判断的逻辑功能中恰好推出了因果关系。

康德认为休谟只是局部地怀疑因果原理的必然性，而没有从根本上否认这种必然性。当然，他的结论下得过早，没有从人的理性能力入手来考察，所以得出否定的结论。康德所要做的就是要从一个新的角度提出和回答这些问题。他把这些问题归结为四个问题：一、纯粹数学何以可能？二、纯粹自然科学何以可能？三、一般形而上学何以可能？四、形而上学作为一门科学何以可能？这四个问题是对《纯粹理性批判》的总结。

康德在感性论中解决第一个问题，时间和空间是感性的先天形式，使纯粹数学的先天综合判断成为可能。第二个问题在先验逻辑的第一部分中获得答案，范畴和原理是知性的先天概念和原理，它们使自然科学的知识成为可能。第三个问题在先验逻辑第二部分解决。传统形而上学关于灵魂、世界和上帝的知识只是思想的产物，由于没有感性直观的支撑，所以人无法理解它们。它们可以作为知识的调节性原理，来指导人不断地扩充我们的知识储备。

休谟认为人的知识应当局限在经验之内，康德认同这一点。但是，休谟把这个原理扩大化，认为在经验之外不存在超经验的东西，从而否认作为科学的哲学的存在，康德不认同这点。理性不能局限在经验的范围之内，它必然会对超感性的东西进行思考。这样的思考就是哲学。任何时代，只要有反思能力的人都需要哲学。放弃哲学的研究，就像担心吸入不洁净的空气而停止呼吸一样，是不可取的。因而作为自然倾向的哲学与作为科学形而上学的哲学都是可能的，不过这种可能性有一个前提条件：它们必须在批判哲学的框架之下发展自己的学说。

理性的运用都是有特定目的的。理性总是要逾越经验去思考一些超感性的对象，既然这种倾向不能够给我们知识，它就应该会有一些特定的用途。这些用途是什么呢？只能是在实践上的用途。道德和宗教是康德所一直关注的问题。知性虽然构建了科学知识的有效性，但是它有自己的界限，不能形成关于超感性的知识。后者属于道德的领域，因而科学无论如何发展，都不能侵占道德的领地。否则人就和动物一样，只是受外在的东西的支配，没有自由和任何尊严可言。

康德希望他的批判哲学获得应有的重视。在《导论》中，他叮嘱读者，如果不能从整体上对《批判》作出判断，那么就应该从它的基础开始一部分一部分地对它进行研究，把《导论》当作一个总的纲要来使用，可以经常把它与《批判》比较。可以看出，当今的读者可能比康德那个时代的人更重视他的学说。

新的住房

康德从硕士毕业到现在，一直是租房住。租房的感觉不是很好，他没有安全感，必须随时准备搬家。在出版《纯粹理性批判》之后，他觉得有能力买房子了。在哲学理论上，主张独立思考和自主性的他，也希望在生活上能够有自主权。所以，1783 年，在他 59 岁时，他决定买房。

据一些传记作者记载，康德买的这幢房子是由他的朋友希佩尔介绍的，房子的原主人去世了，希佩尔就住在附近。希佩尔知道康德有买房的意向之后，就写信告诉他，这幢房子正在出售，如果他能够出得起价钱，那么他就可以考虑。康德收到信后，马上采取了行动，并写信向希佩尔打听房子的相关情况。例如，这个房子有几个火炉，土地分界线具体在什么位置，他什么时候可以搬进去等问题。当他得知 3 月份就可以搬进去时，他在 2 月份就开始计划装修房子。装修房子是一件费力的事情，他自己不在行，就把具体的事情委托给别人。可惜，事情进展未如他所愿，装修师傅们总是制造更多的困难。在装修的过程中，师傅们买了过多的材料，竣工的日子也是一拖再拖，他不得不焦急地等待。最后，他通知那些师傅们，务必在 5 月末完工，因为这是他迁出旧房子的最后期限。

他如愿以偿地在 5 月份搬进了自己的房子，接着，他偿还了所有的债务，这个房子就完全属于他了。康德上次搬家是因为邻居家的一只公鸡吵着了他，他不得不搬家。这次他依然觉得附近很吵，附近有一所监狱，犯人们唱圣歌打扰了他，他不得不向希佩尔写信，希望希佩尔能够与看守沟通一下。不过，沟通最后没有成功，康德不得不把窗户关起来，尽量让噪声小些。

除此之外，新的住处还有其他的困扰。他抱怨附近的小孩子玩耍把石子扔过他家的篱笆，他向警察申诉。然而警察没有采取相应的行动，他们拒绝在他受到伤害之前采取任何行动。这使康德感到十分委屈，埋怨着难道非要等到他受到伤害之后，警察才采取行动不可。另外，在工作上，康德也受到一些影响。在 1783—1784 年，他轮值当系主任，必须处理一些公共事务，适应住所的新环境与处理学校公共事务都干扰到他。

根据不同的记载，康德的房子装修比较简单，家具也朴实无华，他不喜欢虚夸。这点和他的朋友希佩尔不同，希佩尔喜欢购置一些贵重的家具和艺术品。康德反而觉得希佩尔虚夸没有品位。康德的学生克劳斯就曾经以他老师作为例子，为自己的家徒四壁作辩解。康德家里唯一的一幅画就是卢梭的画像。房间的墙壁被他的烟斗、煤炉以及油灯熏得黑黑的，以至可以用手指在上面写字。据说康德的朋友在与他聊天时，就在上面写字，康德甚至不解地问他为何要破坏这种自然的古色。

格瑞患了痛风几乎不出门。那个时代，欧洲人患痛风的人很多，医学水平又不高，所以得了痛风的人等同于罹患绝症。康德不得不每天去格瑞家拜访他，他们经常在一起讨论问题，比如讨论康德的《纯粹理性批判》，讨论休谟的著作等。据一个传记作家的记载，当康德看到格瑞睡着之后，就坐在他旁边，思考一些问题，然后也睡着了。通常在康德之后到来的银行经理鲁夫曼也加入他们的行列，直到马瑟比进入房间把他们叫醒。接下来他们进行一些轻松的谈话，直到晚上7点。他们会准时在7点散会。

康德的生活方式没什么变化，还是5点起床，喝杯茶、抽支烟斗，开始思考上课的内容，从7点到10点上完课之后，开始写作到12点，稍事休息，然后外出用餐，接着到朋友那里一起度过下午的时光，晚上回来阅读些资料就休息。在那个没有电视机和网络的时代，这样的生活方式并不罕见，只是康德把它作为自己的原则一直坚持着，倒是很难得。而且作为哲学家的康德并不是孤傲、不食人间烟火的人。相反，他喜欢社交，乐于与不同的人交往，是一个社会性很强的人。他的批判哲学也扮演着这样的角色。理性在自我审查和批判过程中，倾听独断论和怀疑论的声音，让它们自由地发表意见，然后作出自己的裁决。

搬到新家之后，康德每周还是有 12 个小时的课。人类学和自然地理学由于内容比较活泼，依然是学生们喜欢听的课。逻辑学和形而上学对于很多学生而言，是花了很多气力而很难听懂的课程。由于康德的名气很大，听他的课的学生很多，为了控制人数，他严格地收费。对于那些免费的课程，他同样严格地控制重复听课的人数。即便如此，依然有很多学生崇拜和追随康德。

1782 年，康德的一个很优秀的学生发疯了，人们指责康德负有不可推卸的责任。哈曼也认为康德的艰深难懂的形而上学即使不是这个学生发疯的全部原因，也是其中的重要原因。或许康德晦涩的哲学理论无法给年轻人提供好的营养。另一个学生是贝克，他在 1783 年到哥尼斯堡大学求学。在求学中，他相信康德的学说，也坚持自己的独立思考。康德非常欣赏他，在他离开哥尼斯堡之后，经常与他通信，试图让他真正理解自己的学说。他成为康德批判哲学的早期传播者之一，同时他也是最早偏离正统路线的康德主义者之一。贝克为后来费希特、谢林等批判和发展康德哲学打下了基础。

批判哲学的历史观

虽然一些外部事务干扰到康德，使得他只写了两篇论文，但是这两篇论文非常重要。在 1784 年的论文《关于一种世界公民观点的普遍历史的理念》中，康德从目的论的角度来看待人类历史的发展。人是一个有理性的感性存在者，他既不是仅仅按照自然本能而行动的动物，又不是完全按照理性来行事的世界公民，而是介于二者之间。虽然从大的方面来看，人类历史出现过合乎理性发展的事件，但是整个历史又是由人的冲动和激情等所造成的恶的事件所构成的，因而充满了偶然性。所以，在这些事件中找不到人类历史发展的普遍规律，只能够自己给人类历史的发展寻求一个目的。历史的事件很多是偶然的，人看不到其普遍规律，但人通过理性，康德在《判断力批判》中明确通过反思判断力，来为历史的发展寻求目的，使我们更好地理解人类历史。

这篇论文一共有 9 个命题。前三个命题都是从自然目的论的角度说明人类历史的发展。第一个命题说的是自然造物都有特定目的，并且最终会实现这些目的。自然不会做无用的工作，它对事物的安排是有目的的。如果自然的安排没有目的，那么这样的自然只是一种令人沮丧的盖然性。他进一步认为通过对自然界中的动物无论外在的观察还是内在的分析都可以证实自然的安排是有目的的。比如一些动物的保护色使它们能够在自然中生存下来。

康德在第二个命题中认为，人是有理性的动物，理性的完善和发展在个体中无法实现，只能在人类整体中实现。理性是一种把运用自己力量的规则和意图超出于自然本能之外的能力，它没有界限，不服从本能的规定。因而，它的发展需要不断地尝试、练习和传授，才能从一个阶段上升到另一个阶段。人的理性的完善需要长生不死，人的生命是有限的。从而，人的完善只能通过一代代的努力，在类中才有可能完成。

人的理性的目的是给人带来幸福还是完善呢？这是第三个命题所探讨的内容。既然人是造物中唯一有理性的，自然不会做多余的事情，自然就要求人通过理性给自己带来幸福或者完善。因而，康德在一个脚注中认为"人的角色是非常人为的"，他的一切（包括文化和道德性）都不能按照本能来产生，而应当依靠理性自己产生出来。由于本能比理性更适宜于获得幸福，因而理性的目的不是使人幸福和生活舒适，而是使人配享幸福。在这一过程中，人会承受到大量的艰辛，先人的工作只是为了给后代的配享幸福作准备的。只有到了最后的世代，人才有可能达到理性的完善，从而配享幸福。

康德接着在第四个命题中，探讨人何以能够完善自己。自然不是为了使人幸福，而是完善人的能力。在这一过程中，个体的人会承受大量的艰辛，这些艰辛正是自然实现其目的的手段，是由人的对抗所造成的。康德把人的相互对抗称为非社会的社会性，即人既有进入社会的倾向，又有个体主义的倾向。人的这种倾向使他有别于其他存在者，如果只是前者，那么人和蜜蜂没有区别；如果只是后者，那么人就只是个体化的，无法完善自己。因为只有在社会中，人感觉到自己作为人而存在，才可以进一步完善自己。同时人有一种个体化的倾向，这是一种非社会性。作为个体的人想随心所欲，但是会遭到他人的反对，因为他人也想随心所欲。正是这种相互对抗唤醒了人的力量，促使人发展自己。从而，人从原始的状态首先进展到文化的状态，艺术、科学等都会得到发展，而后才有可能进入到道德的状态。相反，在一种田园式的环境中，人和人只是和平地相处，就会变得懒散，没有发展的动力。

但是只有在社会里，人的相互竞争才能促进人的发展。因为人的竞争会产生很多艰辛，甚至会使人类陷入毁灭自己的困境中（比如现代潜在的核战争）。因而，康德在第五个命题中，探讨进入公民社会的必要性。公民社会规定和限制人的行为，使他们能够和平共处。只有在这样的社会中，自

098

然才可以实现它的目的。同时，人的非社会性使他们的感性欲望无法在随心所欲的自由中共存，这种困境要求他们进入公民社会，比如一个人想得到这块地，另一个人也想得到这块地，如果没有一个客观的裁判者，后果可能会比较严重。这也是康德在《道德形而上学》的权利学说中所讨论的问题。

康德进一步认为：公民社会不是最终的目标，自然还有其他的意图。这个"其他意图"是什么？在第四个命题中，康德认为，通过这种对抗，人从野蛮上升到文化，进而通过逐步的启蒙，确立起实践原则，构建一个道德的共同体。公民宪政所涉及的是人的外在行为，限制和规范人的行为。一个守法的人不一定是一个有道德的人，所以人的发展还需要有更高的阶段，这就是做一个有尊严的道德的人。这正是康德在《道德形而上学》的第二部分德行学说中所需要解决的问题。

康德的历史观不是一种历史的描述，而是目的论的观点。人是理性的动物，是自己历史的创造者。在创造过程中，人会承受艰辛、困苦，这些都是人类发展前进的动力。一个人为了满足自己的目的，给他人造成痛苦，甚至给人类造成灾难，这是在实现自己的目的时采用的必要手段。这个观点直接启迪了黑格尔的"恶是历史发展的动力"的思想以及马克思的"异化"理论。

何为启蒙

在中世纪，哲学是神学的奴婢，信仰是第一位的，人必须在信仰的前提之下才能够进行思考。文艺复兴开始重新审视信仰，重视人的尊严。文艺复兴首先解放了人的感性，出现了一些大胆表现人体艺术的绘画，彰显人的感性欲望。到了近代，人们开始不仅从感性的角度看待人，也把人看作能够思考的理性存在者。笛卡儿的"我思故我在"开启近代哲学启蒙和理性思维的先河，但是这种思维方式还是停留在知识领域。"什么是启蒙"一直是近代以来哲学家们思考的问题。

1784年，《柏林月刊》中的一篇论文主张牧师不应该在婚礼中扮演任何角色，而且婚礼中的宗教仪式与启蒙精神有冲突。德国著名的启蒙思想家策尔勒曾经写了一篇文章回应它，批评一个人不应该借"启蒙"的名义蛊惑人心。在这篇文章的一个注释中，他明确地提出"什么是启蒙"的问题。他认为，这个问题与"什么是真理"同样重要，必须在开始启蒙之前得到确定的答案。

康德同年撰写的发表在《柏林月刊》上的论文《回答这个问题：什么是启蒙?》就是直接回答这个问题的。虽然其他人也回答了这个问题，但是康德的答案无疑是最深刻的，也具有最深远的影响。

康德一开始就给出启蒙的定义，启蒙就是人从受监护的或者说不成熟的状态中走出来。受监护的或者说不成熟的状态是人没有他人的指导就不能运用自己的理智的状态。这种状态如果是由于自己不愿意用自己的理智，那么他就是咎由自取的。所以启蒙就是要求人勇敢地使用自己的理智，勇于独立地思考。

人为什么不敢使用自己的理智呢？因为懒惰。受监护的或者不成熟的状态是非常舒服的，人不愿意走出来。父母喜欢给自己的孩子安排以后的人生道路，孩子甚至到了成年也不愿意思考自己的人生方向，因为他觉得有父母的安排，自己何必劳心费力地思考，毕竟独立地踏入社会可能会碰得头破血流。教师喜欢给学生传授很多知识，不愿意启发和鼓励学生独立地思考，学生也乐意为了应付考试而马不停蹄地记笔记。父母、教师等这些监护人也许心地是好的，在他们的监护下，这些被监护人可能会过得很快乐。他们也担心这些被监护人脱离监护会有很多麻烦。这种被监护的状态是一种普遍的状态，公众不愿意使用自己的理智，同时也有一些别有用心的人故意让公众处于这种被监护的状态之中，因为这种状态对他们是有利的。

如何能够实现公众的启蒙呢？通过一场自下而上的革命

可以吗？革命只是改变公众的一些生活方式，但是没有改变他们的思维方式。历史证明康德的看法是正确的，革命改变的只是朝代以及利益格局，也许公众会从中受益，但是公众的思维方式没有发生变化。因而，启蒙只能够是从上而下的方式。通过一些有志之士传播一种尊重每个人独特价值和思维的精神，大众逐渐实现思维方式的转变。

启蒙需要什么呢？这种启蒙所需要的只是自由，这是康德给予的回答。这样的自由是一种最无害的自由，就是在一切事物中公开地运用自己的理性的自由。在实际生活中，到处都有"要服从，不要理性思考"的声音。军官说：不要理性思考，要训练！官员说：不要理性思考，要纳税！等等。这些人担心自由的思考会阻碍社会的秩序。康德在这里作了区分：理性的公开使用和理性的私人运用。理性的公开使用是作为世界公民，也就是作为理性存在者对理性的使用，是自由的。在这种情况下，他不应有限制，可以自由思考和发表意见。理性的私人运用是在某个具体的岗位或者职位上的运用，不是自由的。比如一个教师应该按照学校的规定履行教学和科研的职责，一个纳税人应该按照政府的规定缴税。

理性这两种运用的依据是康德对自然和自由领域的区分。在自然领域中，一切都是被规定的，是一种外在的必然性。在自由领域中，人遵从自己的理性的法则，不服从他人所立的法。作为一个社会性的人，当他处于特定的社会关系时，他受到外在的规定所约束。同时，他也是一个理性存在者，有自己的尊严，能够独立地思考。调和二者是康德哲学的一个基本问题。在这篇论文中，他给出解决这个问题的一个方式，作为在特定关系中的人，应该遵守相应的规定，但是这不妨碍他也可以自由思考。有人说："我必须按时纳税，但是我也有向政府提出建议甚至批评纳税的权利。"这种权利实质上是当代意义的言论自由的权利。

在康德那个时代，政府对科学和艺术管理得比较松懈，这些学科的自由度比较大，但是对宗教的限制比较多。宗教涉及人的思维方式和内在信仰，政府通过限制宗教来维持自己的统治秩序。康德在这里呼吁统治者腓特烈二世允许人民在宗教领域中也能够公开地使用自己的理性。允许人民自由地思考，会培养人民好的性情，最终也会影响政府的政策。待以时日，政府会发现，把人民当作有尊严的人而不是机器对它自己也是有利的。

这篇论文对近代以来所关注的启蒙问题的一个回答是：启蒙不仅仅是认识自然的方式的革命，也是人的实践方式的变革。人不仅需要认识这个世界，而且需要使自己成为一个自由的有尊严的人。如果说牛顿、笛卡儿实现了前者的变革，那么康德就实现了后者的转变，无疑，后者更重要。

第 7 章

道德形而上学的奠基者

对道德问题的关注

从 1764 年康德在《论自然神学和道德原则的明晰性》提出了"责任的基础在哪里"的问题之后，他对道德问题的关注就一直没有减弱过。他一直想写一本"道德形而上学"。在完成了《纯粹理性批判》以及《未来形而上学导论》之后，康德有时间撰写道德哲学方面的著作了。可是购置新房、装修、学院的事务等分散了他很多的精力。等到 1784年 9 月，他才把《道德形而上学的奠基》寄给出版商。8 个月之后，也就是 1785 年 4 月，这本书正式出版了。从题目可以看出，这本书不是"道德形而上学"，而是为之奠定基础的一部著作。在"前言"中，康德也承认，他日后要出版一本《道德形而上学》，预先出版的《道德形而上学的奠基》这本书，是为了确定道德性的最高原则。那么，康德为什么要这么做呢？这就要结合康德所处时代的一些基本情况来分析。

从奥古斯丁以来，西方曾经出现过一种道德学说。这种学说认为一个行为是正当的，是因为它是上帝所要求的。为了取悦上帝、得到他的恩赐以及避免惩罚，人应当做上帝所命令我们做的事情。比如，人之所以不撒谎，是因为上帝认为撒谎是恶。上帝为什么认为撒谎是恶呢？开始，一些哲学家认为这是因为撒谎本身是恶的。然而，这就出现一个问题：如果在上帝之外，存在着行为善恶的标准，上帝也要受到这些标准的约束，那么上帝就不是全能的。为了挽救上帝的地位，一些哲学家从另外的角度思考这个问题。他们认为，上帝不受任何外在的标准的约束，行为的善恶是由上帝随意规定的，人无法理解上帝的意志，只需要服从就可以了。上帝也可以让撒谎、谋杀、通奸等变为善的，让它们成为人应当做的。只不过，既然上帝已经让这些行为是恶的，人就应当禁止做这样的行为。

如果说前者让上帝成了一个可以理解的明君，那么后者就把上帝看作一个让人捉摸不透的、喜怒无常的统治者，其至暴君。人在这位统治者面前，唯唯诺诺，没有自由和尊严。同时，自我主义的道德学说出现了，代表人物是霍布斯。在他看来，人的最基本的动机是自保，人会不择手段地维持自己的生存和满足自己的欲望。为了更好地生存，人们相互结合成一个共同体，这样国家就产生了。在霍布斯那里，人就是一个物体，与其他自然物体一样遵守自然的法则。这些学说都没有解释人的尊严和独特地位。

英国学派尤其哈奇森的道德感学说是当时影响比较大的道德理论。在哈奇森看来，人有视觉、听觉等外部感觉，人同样也有道德感，当人看到帮助他人的行为时，人会产生赞同的情感，当人看到他人作恶时，人会产生厌恶的情感。这些情感是人人都有的，它们会推动人行善避恶。道德感学说不需要上帝，人自身就具有道德感，这说明人的特殊地位。但是，道德感是一种经验性的东西，正如人的视力有强有弱一样，每个人的道德感也会有强弱的区别，道德不具有普遍性。

德国哲学家沃尔夫继承莱布尼茨哲学，认为不同的事物具有不同的完善性，最完善的就是上帝。人的义务就是认识上帝的完善，把自己的潜在的完善发展为现实的完善。在这个过程中，人会感到快乐和幸福，所以人的快乐和幸福就在于自身的完善。完善论把人和上帝置于同一个位置，这是一个很大的进步，但是它没有清楚地说明完善是什么。

除此之外，18 世纪有教养的欧洲人对西塞罗的著作是比较熟悉的。康德在腓特烈中学时就读过西塞罗的著作，并且很欣赏他的风格，认为要构建真正的哲学，应该模仿西塞罗。不过，这种崇拜只是暂时的。有人认为康德的道德哲学受到西塞罗的影响。但是，西塞罗强调人的荣誉感与成熟了的康德对道德的思考完全不同，而且康德在著作中很少提及他。

1783 年，加尔佛出版了《西塞罗义务论的哲学探讨》，说明西塞罗对德国人的持续影响。加尔佛是《哥廷根学报》的书评作者之一，这篇书评让康德恼火不已，并且让他花大气力写了《未来形而上学导论》。无疑加尔佛的这部著作引起了康德的注意。有些人认为，康德写《道德形而上学的奠基》是为了反驳加尔佛，以报复那篇书评。但是，这是不可靠的。因为康德在《道德形而上学的奠基》中没有提起加尔佛。更重要的是，他一直在思考道德的基础问题。过去的道德学说让康德不满意。因为他们都没有理解道德的本质，也没有弄清楚道德对于人的重要性，所以，预先清理地基是必要的。

《道德形而上学的奠基》

《道德形而上学的奠基》（以下简称《奠基》）是康德第一次系统地探讨道德哲学的著作。这本书虽然只有不到 60 页，但是却产生了巨大的影响。当代对康德最为关注的是他的道德哲学，其中集中在对《奠基》的研究上。这些研究的著作是很多的，几乎每年都有一些相关的研究著作出版。不同的翻译也很多，比如英译本就有十几种，隔几年就会有新的译本或者修订本出现。汉译本也有几种，并且还在不断修正和更新。为什么《奠基》获得这么大的关注呢？因为康德论证了道德的基础在于人的意志的自律，彰显了人的主体的地位。这给现代人追求民主、平等以及自由等价值与理想奠定了重要的理论基础。

善良意志

什么东西本身是善的呢？如果一个帮助他人的行为是为了获得好的荣誉，人会觉得它是善的吗？如果一个人很勇敢，很有才能等，具有很多令他人羡慕的能力与品质，人会觉得他就是善的吗？诸如此类的问题。很显然，如果人反思一下自己，就会发现以上所例举的行为和品质并不是绝对善的。一个为了名誉而行善的人，可能也会作恶。越有才能的人，作恶的害处就越大，由此才能本身不是善的。一个勇敢的人，如果没有善的原则的限制，那么这种勇敢可能变为鲁莽。幸福也不是绝对善的，因为幸福名下的权力、财富等不一定是善的。有的人有了金钱和地位却作恶多端，现实中不乏这样的例子。所以只有善良意志才是绝对善的，它的善不是来源于它所造成的有利的结果，而是它本身是善的。即使这个意志并不给人带来任何好处，它也是善的。

只有善良意志本身才是善的，这一点人都是承认的。虽然有时会把一些外在的条件，比如运气、幸福等都看作善的，但是在评判时，都会认为这些条件只有在善良意志的条件之下才会是善的。一个亿万富翁捐款 10000 元，与一个拾破烂的老人捐款 100 元相比，会更倾向于赞赏后者。康德进一步认为，大自然赋予人以理性，其目的不是用来使人获得幸福的。因为本能更适用于让人获得幸福。人的理性越发达，思考越深入，就越容易对现状不满足。这种不满足的情绪是不幸福的来源之一。因而，理性的目的就是为了产生一个自身就是善的意志。

人都有善良意志的模糊概念，哲学家虽然不需要教导人们善良意志的重要性，但是有必要说清楚它是什么以及人何以能够获得这样的意志。对于人来说，说明这个概念必须通过义务的概念。人只有履行义务才彰显自身的善良意志。义务是理性规定人必须做的行为，由于人总是不愿意去履行义务，所以这种行为具有强制性。人有义务不说谎，可是如果说谎会给人带来很多好处，那么人很有可能说谎。同时，人即使履行了义务，人的动机可能是不纯粹的。比如一个人帮助他人，只是为了博得好的名声。或者一个人不说谎，只是为了担心说谎之后，会给自己带来很多麻烦。这种行为的意志并不是善良意志。

因此，一个善良意志的行为不仅是合乎义务的，而且是出于义务的。难处就在于人何以能够区分二者，人经常需要依靠自己的人生经历来区分它们。一个明智的商人本着"童叟无欺"的原则经营，即使是生意兴隆时，也不擅自提高价格。虽然他的行为很诚实，但是很难相信他的行为是出于义务，而且认为他是出于利润最大化的长远打算。这很容易就可以得出结论：他看似诚实的行为依然不能够说明他具有善良意志。

很难判断的是，当人们做那些他们通常愿意做的事情时，他们的行为是否有道德的价值。比如人都想长寿，保存自己的生命同时也是人的一个义务。一般情况下，人们保存自己的生命是出于对死亡的恐惧，它虽然是符合义务的，但不是出于义务。只有当他的生命处于极端的困苦和逆境之中，活着只有痛苦、享受不到任何快乐时，他仍然坚强地活着，那么可以判断，他的行为完全出于义务。因为这个痛苦的世界不能给他任何的留恋，他活着只是因为保持生命是一个义务而已。这时候，他才具有一个善良的意志。

力所能及地帮助他人是一个义务。康德通过这个义务反省自己早期对道德感学说的信念，同时也在批判西塞罗。道德感学说认为，人会赞赏帮助他人的行为，这种赞赏也会激发人去帮助他人。但是，正如每个人的视力不同一样，道德感也会有所不同，这样，道德的约束就没有普遍性。人不会责备一个盲人不会引路，同样，也不会责备一个缺乏道德感的人作恶。鉴于西塞罗对当时德国人的影响，回应他的学说是必要的。西塞罗认为出于爱好荣誉帮助他人，特别是做一些有益于公众的事情，是道德的。但是，在康德看来，这些行为虽然是值得称赞和鼓励的，但没有道德价值。只有在一个人不仅没有任何同情心，而且心中被悲伤所笼罩的时候，他仍然愿意帮助别人，他的行为才是有道德价值的。因为从他的行为中，看不出任何感性的欲望包括荣誉感可以促使他帮助他人，他的行为只能够是出于义务。

促进自己的幸福是一个间接的义务。每个人都会自然地促进自己的幸福，它不需要强制。比如一个人总是想追求幸福的生活，想有一份稳定的工作以及幸福的家庭等。假如一个人非常穷，以致生活没有任何保障。为了生存，他很可能做一些不好的事情，比如行骗、盗窃等，毕竟"不为五斗米折腰"的人是极少的。所以，促进自己的幸福虽然不是直接的义务，但它是一个间接的义务。问题是，人对幸福有确定的概念吗？幸福是所有感性欲望的满足，它不仅仅包括现在的感性欲望的满足，还包括将来的持续的适宜感。所以，很难对幸福下一个确定的定义。人之所以不把一个吸毒的人看作幸福的，是因为他虽然满足了自己当前的欲望，却毁灭了将来追求幸福的能力。

康德在这里举了一个例子，他说一个痛风的病人，如果在非常痛苦的时候，仍然追求自己的幸福，那么这个行为是有道德价值的。这个例子不容易理解。他这个时候可能想到的是他的朋友格瑞，因为格瑞正受到痛风的折磨。也许格瑞没有被痛风所吓倒，仍然把幸福作为自己的追求目标。康德称赞他的行为是有道德价值的。

"爱我们的邻人"是《圣经》中的教导。为什么要爱他人？有些人可能天生就具有一副悲悯心肠，爱邻人是他们的一种自然本能。基于道德哲学的普遍性，这样的人不能够作为道德的原则。有这样天性的人毕竟是少数。只有把爱邻人作为自己的义务来遵守，行为才是有道德价值的。

康德经常因为这些例子被后人批评。有的人说康德是一个禁欲主义者，只有一个非常冷漠的人帮助他人，才是有道德价值的。有的人认为这些例子违背人们的道德直观，爱本来是一种情感，如何能够排除情感而出于义务爱他人？也有很多人替康德辩护。其实，哲学家在具体的文本中是有特定的目的的，要理解这些例子，必须联系康德所需要解决的具体问题。康德在这里是为了说明什么是义务，从而让人理解善良意志的概念。要达到这些目的，他必须使用排除法。因为有感性欲求的动机的行为虽然在道德直观上可能不是恶的，但是它们的原则和善良意志是完全不同的。这就像要获得纯净水，必须把里面的矿物质都排除出去一样，即使有些矿物质对健康是有益的。

从这里可以看出，出于义务的行为的道德价值不在于它的后果，而在于行为的原则本身，即行为的准则。这是与后果主义完全不同的道德评价标准。在后果主义看来，行为是否具有道德价值在于其结果。如果只有行为的原则才能够彰显一个善良意志，那么意志的原则是什么呢？意志处于一个"十字路口"：一边是先天的形式的原则，一边是后天的质料的原则。很显然，只有前者才能够给予一个行为以无条件的价值，后者是后果主义的，行为即使合乎义务，也只有有条件的价值。一个先天的原则是什么呢？既然它没有任何感性的质料，没有幸福、快乐等，那么它就只剩下一个形式，就是行为的准则具有普遍性和必然性，可以作为一个法则而存在。所以善良意志的原则就是它的准则能够成为一个普遍的法则。

定言命令

虽然人们都知道善良意志是好的，但是在具体行动时，人们却不一定遵守善的原则来行动。当一个人的债权人去世了，尽管他知道遵守诺言是应当做的，但是他仍然倾向于把这些钱占为己有。人有违背善良意志的原则的倾向，这种倾向时刻呈现在人的心中，把人从有尊严的存在者变为动物一样。所以从哲学的角度深入地探索这个原则是必要的。需要强调的是，以上的例子只是为了让人直观地了解道德价值的含义，而不是说榜样可以充当道德的原则。比如向某个榜样学习，应当遵循的是这个榜样行事的原则，而不是把他当作原则本身，否则会失去自我，甚至造成道德狂热。类似的例子并不少见。

与动物不同的是，人有意志。意志具有主动性，能够按照自己的选择来行事。动物不一样，它们的行为只是被自然规律所决定。动物肚子饿了，就会寻找食物，不管食物的来源如何，能够使自己不受威胁和充饥就行。虽然人肚子饿了也想着要吃饭，但是他会考虑以什么样的方式来填饱自己的肚子。省钱、健康会成为很多人考虑的因素，甚至很多人为了维护自己的价值，不食嗟来之食。

意志的选择需要遵守一些原则。这些原则是从理性中来的，所以人的意志也被看作实践理性。由前面的例子可知，原则虽然在客观上是必须遵守的，但是在主观上不一定被遵守，甚至人们总是违背它。这样，这些原则对于人来说，就是命令，按照祈使句"你必须……"的方式表达出来。这种命令的表达方式也有不同的区分，比如"为了让你获得好的荣誉，你必须说实话"与"你必须讲真话"是有区别的，前者的行为只是获得荣誉的手段，后者的行为本身就是被要求的。前者是假言（有条件）命令，后者是定言（无条件）命令。

按照目的的不同，假言命令可以作进一步的区分。技巧命令的目的是随意的，比如吃饭的目的是填饱肚子，医治的目的是健康。这些目的都是以感性的欲望为基础的，涉及目的和手段的选择。选择了这些目的就必然会选择相应的手段，如果放弃了目的就放弃了相应的手段。行为作为手段是以目的为基础的，这就导致行为的价值是中性的，医生为使自己的病人痊愈所用的处方和一个投毒者为有把握地杀死此人所用的处方，对于达到其相应的目的而言，二者具有同样的价值。这个观点对现实也有一定的启发作用，一些家长教育孩子时，总是让他们学习更多的技能，以达到相应的目的。其实，家长应该让孩子思考这些目的的价值，让他们思考自己要做一个什么样的人。

另外还有一种命令是以幸福作为目的的。每个人都自然地怀有对幸福的向往，虽然幸福的概念是如此不确定。当下的幸福可能会破坏将来的幸福，将来的幸福是不是一定就是真的幸福，每个人的想法不一致。有的人遵守"今朝有酒今朝醉"的原则，认为眼前的幸福是最重要的。功利主义的最大幸福的原则显然就属于假言命令的范围。

善良意志以道德的命令为其原则，它不以任何感性的目的为基础，行为自身就是有价值的，其结果不能够规定行为的价值。道德的命令式是无条件的，所以它被称为定言命令（"定言"就是无条件的意思）。只有定言命令才是真正的命令，具有普遍的有效性。假言命令要么是一种技巧（任意的目的），要么是一种建议（以幸福为目的）。建议虽然也具有必然性，但是其前提是人们把这个目的当作自己的幸福。比如"为了避免老来受穷，你现在应该努力学习和工作"，这个命令只有当他把"避免老来受穷"看作自己的幸福才是有效的。如果他把目前的享乐看作自己的幸福，那么这个命令对他没有任何约束力。

这些命令式何以是可能的呢？它们何以对人具有强制力

呢？假言命令对人的强制可以通过"谁想要达到目的，谁就会做相应的行为"来解释。比如一个人想填饱肚子，他就必然会去吃饭，他不需要其他的动机来促使自己去吃饭。当然，这里的强制性并不涉及吃饭的具体可能性，比如行动是否方便、是否有足够的金钱填饱肚子等，强制只与对吃饭这个行为的选择有关。再比如，要把一条线段分为两个相等的部分，一个没有受过数学教育的人，可能不知道要达到这个目的，他必须从线段的两端引出两条相交弧。但是，如果他知道这么做能够达到他的目的，那么他就必然这么做。所以，假言命令的强制性是不需要花大的气力就可以解释的，人自然会采取相应的手段来达到目的。

定言命令如何是可能的？这是一个很难回答的问题。因为人何以会对一个他根本没有感性欲望的行为感兴趣呢？如果撒谎对于他不仅没有害处，反而能够带给他很多好处，那么他为什么要选择讲真话呢？而且讲真话会给他带来一些不好的后果。定言命令没有任何感性的条件就要求人遵守，行为不能够有任何的感性动机，否则它就变为假言命令。这种可能性也不能够通过人的生活经验来说明。因为任何看似无条件的定言命令都可能以隐秘的方式成为有条件的假言命令。比如，不应当作虚假的承诺，这个命令是无条件的，因为信守诺言是理性无条件的命令。但是，在实际生活中，人们遵守诺言很可能是因为担心真相大白时他的信用受损，或者担心受到羞辱。即使不是这些原因，也不可能保证没有其他感性的动机掺杂在意志之中。因为经验的观察只能够告诉人没有观察到其中一个潜在原因，而不能够说明这个原因不存在。

所以定言命令的可能性只能够通过先天的方式（**不能够通过我们的观察**）来研究。在研究其可能性之前，需要详细地理解定言命令是什么。前面说过，定言命令要求人愿意自己的准则（**主观的原则**）成为一个普遍的法则。它没有告知人更多的东西，没有告诉在具体的情况之下人应该如何做。这是因为它是理性的法则，理性和感性是两种完全不同的能力，理性对意志的立法没有任何感性的条件，所以理性的法则是一个没有任何感性目的的形式的法则。

自然法则公式

这条法则由于是一个抽象的形式的法则，所以很难理解它。为了便于理解，康德从不同的角度进一步说明这个法则。人无法看到圆本身，但是可以通过一个圆盘来理解圆是什么。同样，人也很难理解普遍的法则是什么，但是可以理解自然的法则。比如看到苹果落地，知道万有引力定律的存在。由此，为了更好地理解道德法则，人可以把道德法则类比为自然法则，这样，定言命令可以表达为：要这样行动，就好像一个人的行为的准则应当通过他的意志成为普遍的自然法则似的。

举几个例子有助于理解它。第一个是自杀的例子。如果一个人在这个世界上活得非常憋气，什么都不如意，甚至生不如死。如果他还有理性，那么他可以自问，他的自杀的准则，即如果生命的延续所面临的灾祸多于它将带来的安逸，那么我可以出于自爱把缩短生命看作自己的原则，可以成为一个普遍的自然法则吗？出于自爱，人应该延续自己的生命。人在困境中，首先想到的是生存，而不是死亡，这是一种很自然的反应。当然，在康德那里，自爱的目的是延续生命，这不是从经验中得来的，而是一个目的论的判断，是先天的。在这个准则中，自爱既延续生命，又缩短生命，这是相互矛盾的。自然法则的第一个要求就是不能够自相矛盾。这条自杀的准则如果普遍化之后，不能够像自然法则那样成为一个普遍性的法则，而是像"方的圆"那样是自相矛盾的。所以，这条准则是违背道德法则的。

第二个是虚假承诺的例子。如果一个人急需借款，他也清楚知道，他无法还款，但是他不得不许诺在确定的日期还款，否则他就什么也借不到。那么他可以问问自己：他的准则是否能够成为一条普遍的法则？他的准则是："如果我迫切需要钱，我就要借钱并且承诺还钱，尽管我知道我永远也还不了钱。"这个准则也许对他的幸福没有影响，但它是正当的吗？如果它成为一个普遍的自然法则会是怎么样的，也就是说如果每个人在急需用钱的时候，都用这种虚假承诺来满足自己的私欲，这是可以的吗？很显然，如果每个人都这么做，那么就没有人会相信承诺了，这样承诺和承诺的目的就变为不可能的。甚至当一个人向他人借钱，作出这样的承诺时，他人不仅不会相信，而且还会嘲笑，其实自己才是一个傻子。所以，虚假承诺的准则普遍化之后会导致自相矛盾，不能够成为一个普遍的自然法则，它违背了道德法则。

第三是耽误自己的才能的例子。一个人发现自己在某个方面有天赋，如果经过培养，自己就能够成为某个领域杰出的人。但是他现在的处境很舒适，他宁可沉溺于享乐，也不愿意努力地改进自己，发展自己的天赋。他可以自问，我的准则可以成为一个普遍的法则吗？他可以看出，如果这个准则普遍化，即每个人都任其才能荒废，只想把自己的生命荒废于享乐，那么这样的自然法则从逻辑上来说不矛盾，人类还是可以继续存在下去。但是，作为有理性的存在者，他必定希望自己的理性能力得到发展，不希望自己的才能荒废下去，成为一个无用的人。所以，这个准则虽然可以无矛盾地设想，但是人们毕竟不愿它成为一个普遍的自然法则。

第四个是拒绝帮助他人的例子。一个处境很优越的人，他不需要操心自己的生存，可以随意地满足自己的欲望。当他看到别人处境很艰难，他也能够帮助他们时，他可以无动于衷吗？也许他天生就没有同情心，对他人的痛苦没有感觉，同时，他也不会嫉妒他人的幸福。他的准则能够成为一个普遍的法则吗？如果每个人都不愿意帮助他人，人类社会还是能够存在下去的。但是人是一种社会性的动物，只有在与他人交往中，他才感觉到自己作为一个人而存在，才能够发展和完善自己。所以这个准则的普遍化可以被无矛盾地设想，但是我们毕竟不愿意它成为一个普遍的自然法则。

由此定言命令有两个标准。第一是准则不能自相矛盾，如前两个例子；第二是准则即使不自相矛盾，然而也不能违反意愿，如后两个例子。这两个标准所对应的义务是不同的。前一个对应的是完全义务，后一个对应的是不完全义务。

当今有人批评康德的这种普遍化测试，认为有些直觉上正当的行为被测试为非道德的，而有些在直觉上不正当的行为被测试为道德的。比如，这样的准则"每周一晚上 7 点我想在朋友家聚餐"可以普遍化吗？它是不可以普遍化的。但是人通常是这么做的，也不觉得这样做不道德。另外一个例子是一个正直的公务员的例子。这位公务员持有拒绝贿赂的准则，如果这个准则被普遍接受，那么它将导致自我矛盾，即贿赂不存在了，由此拒绝贿赂在道德上是错误的。但是很显然，他应当拒绝贿赂。

问题的关键在于对"准则"的理解。按照上面的例子，如果一个人每周一去朋友家吃饭的目的是为了维护友谊，那么这是可以普遍化的。当朋友在周一有其他安排时，这个人也很愿意约另外的时间与他相聚。相反，如果去他家只是为了蹭饭，那么朋友不会欢迎这个人的拜访，这样的准则也无法通过普遍性的测试。同样，这个公务员的准则不是拒绝贿赂，而是维护公正的制度，贿赂制度在他的准则中只是一个手段而已。所以，康德的定言命令的普遍性测试并不是像当代一些学者所认为的那样没有实践的意义。

人性是目的

当人们违背义务时，人们就会发现自己持有双重的标准，希望他人遵守道德法则，而自己却试图成为例外。比如在虚假承诺的例子之中，人们希望别人都信守诺言，人们才可以作一个虚假的承诺。道德法则就由普遍性变为一般的适用性，人自己在这种适用性之外，就如在一个不公正的社会中，某些人希望别人服从法律，而他们自己却凌驾于法律之上一样。由此人更深入地理解道德法则是很重要的。

人的行为都是有目的的，吃饭的目的是饱肚子，锻炼的目的是维护身体健康，好好学习的目的是将来做一个有用的人。定言命令可以从目的概念的角度来理解吗？目的可以区分为两种，一种是客观的目的，是由理性所规定的，一种是主观的目的，是由感性提供的。人的行为的目的一般是后者，行为是达到这些目的的手段，行为的原则就是假言命令。前面说过，与这些目的相应的行为只是相对的，不具有无条件的必然性。

理性有没有给人的行为规定一个目的呢？如果没有这样的目的，所有的行为都是达到感性目的的手段，那么还存在无条件的定言命令吗？理性和感性无关，任何感性的目的都不可能作为定言命令的基础。所以，如果存在着理性的目的，那么就只能够把理性或者说人性本身当作目的。人性具有无条件的价值，就是善良意志自身，它的价值是我们的感性以及感性的目的都无法比拟的。人经常说"以人为本""生命第一""安全重于泰山"等，这些都是尊重人的表现。为什么要尊重人呢？因为人是一个理性的存在者，是理性让他高居于其他存在者之上的。

由此，定言命令可以按照目的的概念表述为"你要如此行动，使你的人性，以及他人的人性，在任何时候都同时当作目的，而绝不仅仅是手段"。有的人认为，康德的人性公式格调太高，因为人在现实中总是要成为手段的。比如一个人在餐馆吃饭，他会把服务生当作手段，饭店老板也把他当作赚钱的手段。这样的关系随处可见，在直观上不觉得它们是不道德的。类似的批评误解了康德。康德的意思不是说人不能把自己或者他人当作手段，而是说不要仅仅当作手段，而应当同时当作目的自身。比如，如果吃霸王餐，那客人就把老板仅仅当作手段，或者如果老板给客人提供低质的饭菜，却索取高价钱，他就把客人仅仅当作手段。类似的情况在生活中是不少的，由此定言命令要求把自己和他人都当作目的，而不仅仅是手段。

人性或者理性的本性是什么呢？它是一种设定目的的能力。设定目的是自由的，人可能被他人强迫做某个行为，但是人不可能被他人强迫选择某个目的。家长可以强迫孩子按时上学，在规定时间内做完功课，但是不能够强迫孩子把好好学习当作自己追求的目的，除非孩子自己如此选择。所以人性和自由是可以互换的概念。还要注意的是，定言命令要求人在"任何时候"都把自己和他人当作目的，而不仅仅是手段。把自己或者他人的人性当作目的，不能够仅仅在某一个时间点这样做，而是应该在任何时候，在过去、现在以及将来一以贯之地这样做，否则就不是道德的。

用前面同样的例子来解释会更清楚些。第一个例子，一个自杀的人，把他的人性当作一种逃避生命的艰辛和痛苦的手段而不同时是目的自身。他的自杀的行为虽然在当时来看，可能是自由的，但是却破坏其将来的自由。这是与自由的一以贯之相违背的。第二个例子，作出虚假承诺的人，在作出承诺时，让他人相信他会在规定时间内还款。他人所获得的信息和其实际上的处境是不同的，这违背他人设定目的的能力，把他人仅仅当作手段来使用。他的行为即使没有破坏自己的自由，却破坏他人的自由。

后面两个例子要复杂些。第三个例子，不珍惜自己天赋的人，虽然没有破坏自己现在的自由，但是却与将来的自由的完善不一致。因为如果他不完善自己的能力，那么他将来就会有很多局限，失去一些自由。第四个例子，不帮助他人的人，虽然可以与自己的自由共存，但是却破坏他人将来的自由。

《论语》中的"己所不欲，勿施于人"可以作为道德的原则吗？它被称为"金规则"，对任何时代的任何民族都是适用的。它与人性公式表面上很相似，但是，它不可以作为普遍的法则，因为它不包含以人性作为行为根据的原则。按照"金规则"，一个罪犯可以合理地要求法官不要惩罚他，因为法官也不想受到别人的惩罚。在第三个帮助他人的例子中，大家互不帮助，也符合"金规则"的模式，但是它还是违背了义务。

有的批评者可能会认为，人性是有目的地把人提高到比动物更高的地位，这是一种人类中心主义。甚至有评论家认为当今的环境破坏与康德有关。其实，任何学说都是人类中心主义的，毕竟这些学说都是人提出来的。问题不在于它是不是以人类为中心，而在于人类如何处理自己与环境之间的关系。以人性是目的为前提，人推不出可以任意地破坏环境的结论。相反，保障和促进人性要求人有一个好的生存环境。好的环境不仅可以满足人的物质需求，而且在精神上也能带来愉快。在"千山鸟飞绝，万径人踪灭"的环境中，人会觉得孤单、无助，更不要提维护自己的人性尊严了。

意志的自律

人性是目的的根据是什么？或者说为什么要把人性当作目的，而不仅仅是手段呢？这是因为人的意志是自我立法的。他服从法则，但是他所服从的法则是自己的意志所立的法。他不服从上帝的意志，也不服从外在的权威、习俗等。既然实践上的立法在客观上是普遍性（准则成为普遍的法则），主观上在于目的，一切目的的主体就是每个作为目的自身的存在者（人性是目的），所以每一个理性存在者（包括人）的意志都是一个普遍立法的意志。

为什么要服从定言命令？不是因为人希望得到上帝的奖赏、恐惧上帝的惩罚，也不是因为遵守这些法则会让人获得荣誉等，而是因为这些法则是人自己的意志所立的法。服从这些法则让人和动物区别开来，成为一个有尊严的存在者。

如果每一个人都把自己作为普遍的立法者，都遵从自己的理性的法则，那么这就形成了一个目的王国。在目的王国中，每个人都是目的自身，同时也把别人当作目的自身，而不仅仅是手段。在这个王国中，有元首和成员的区分，他们都是法则的立法者，只不过元首没有任何感性的欲望。虽然成员有自己的感性欲望，但是这些欲望在道德法则可允许的范围之内。人可以追求自己的幸福，只要这种幸福与自己的自由和他人的自由一致。但人不能为了追求一己私利，而去破坏他人的利益。

意志的自律说明人性为什么是目的。立法者才有被人尊重的权利。奴隶主是不需要尊重奴隶的，他们只是会说话的工具（**亚里士多德**），因为他们和立法无关。相反，由于奴隶主是立法者，奴隶必须服从奴隶主的命令。法则（**或者翻译为"法律"**）规定善和恶等价值的概念，立法者就成为价值的规定者，他自身具有无条件的价值。

在目的王国中，一切东西要么有一种价格，要么有一种尊严。有价格的东西可以被他物所取代。比如到市场上买菜，钞票和菜是可以互换的。但是有尊严的东西超越于一切有价格的东西之上，没有任何等价物。奴隶没有尊严，可以任意地被买卖。在当今的社会中，康德对价格和尊严的区分依然启示人：亲情、爱情等生命本质的东西是无价的，任何东西都不能够取代它们。但是在现实生活中，金钱、名誉以及地位等反而作为这些东西的衡量标准。这是需要我们反思和批判的。

意志的自律是一个具有里程碑的革命思想。在哲学史上，它第一次把人提高到与上帝同等的地位。人作为有限的存在者，虽然没有上帝那么完善，但是都服从同样的法则。文艺复兴首先把人的感性从上帝那里解放出来，看到人体的美、人的欲望的合理性等，并且重视自己的现世生活。但在很多方面，人把自己贬低到动物的层次，甚至比不上动物，至少人没有狮子那么强壮的躯体。

近代以来，哲学家开始反思人的理性的作用，人比动物高贵，是因为人有理性，理性的作用主要体现在认识自然的方面。但是人的认识是有限的，他无法认识自然的一切。而且人和人之间由于天赋、后天的教育等的区别，认识能力会有不同，这就导致人和上帝以及人和人之间的不平等。意志的自律说明不管人的出身、地位以及金钱等外在的区别，还是认识能力等内在的区别，人与人之间都是平等的，因为每个人都拥有相同的道德能力，都是理性的立法者。即使一个将要受到法律惩罚的罪犯，也要尊重他。虽然他犯罪是咎由自取，但是作为一个人，他具有与他人平等的地位。

就康德而言，他一直在思考道德的问题。他接触卢梭之后，警醒到人和人之间是平等的。不过，卢梭没有说明人为什么是平等的。在卢梭那里，自然状态中人的平等只是一种假想的状态。康德一直在寻找这种平等的根据，在这个探求的过程中，他相信过道德感的学说、沃尔夫的完善论等，但是这些学说都存在不同的缺陷。意志的自律是康德长时间探索道德问题的最终结果。

如果说"哥白尼式的革命"在认识领域中，是知性给自然立法，那么在实践领域，这场革命体现为理性给意志立法。需要注意的是，有人可能会误以为自律的意志所立的法则是随意的，"我可以做我觉得有利的任何事情，因为我的意志是自律的"。康德意义上的自律是理性的自我立法，而不是感性的立法。正因为每个人都有理性，所以他们能够遵守共同的法则，从而构建起一个目的王国。也许预先知道别人可能有这样的误解，康德特地区分法则的制造者和法则的责任的制造者。对于前者来说，法则是任意的；对于后者来说，法则是自我颁布的，但也是共同的。如果上帝存在，他可能是法则的制造者，因为他不可能违背道德法则。人只能够是法则的责任的制造者，他服从他自己的理性所颁布的法则。

对其他道德哲学的批判

定言命令具有几个表达的方式，它们分别是普遍的公式、自然法则的公式、人性公式、目的王国公式以及自律的原则。对于它们之间的关系，仁者见仁智者见智。甚至相反的看法在康德文本里面都可以找到根据。更正统的解释就是普遍的公式是定言命令的表达公式，接下来的三个公式是从直观和情感上让人更好地理解它，自律的原则从最深的层次说明了定言命令的本质。当人问"不要撒谎"为什么符合定言命令时，可以从它符合自然法则公式、人性公式以及目的王国公式来说明。它们也极大地激励人，"让我们都不要撒谎，做一个道德的人吧，这样我们就可以成为一个目的王国的成员，从而配享幸福"。

每个人都具有意志的自律，它是人的意志的一种属性。由于其他的道德哲学家没有发现人的意志的这个属性，而把道德的原则建立在其他的基础之上，比如上帝、道德感。所以，他们的探索和努力从一开始就偏离正确的方向。他们的原则可以统称为他律，是一种假言命令，即我之所以应当做某事，乃是因为我想要某种别的东西。真正的道德法则所说的只是：“即使我不想要任何别的东西，我也应当如此这般行动。”比如，前者说的是：“如果我想保持荣誉，我就不应当说谎。”而后者强调：“即使说谎不会给我带来丝毫耻辱，我也不应当说谎。”应当促进他人的幸福，这个义务不是因为它促进了最大多数人的最大幸福（**功利主义**），而是因为不帮助他人幸福的那种准则，不能够思考为一个普遍的法则。

这些他律的学说有的原则是经验性的，有的是理性的。前者是一种幸福的原则，建立在自然情感或者道德情感的基础之上，后者出自完善的原则，要么建立在完善的理性概念之上，这种完善是人的意志的可能结果，要么建立在上帝的完善的概念之上。

自然情感和道德情感的原则不可以作为道德原则。因为道德法则具有普遍性和必然性，自然情感和道德情感都来自于人的特殊本性，是经验性的，没有普遍性和必然性。理性的原则同样存在问题，沃尔夫没有说明完善是什么，导致完善的概念是一个空的概念，除非他把人的幸福当作完善。但是，幸福的完善概念不是理性的概念，而是经验性的概念。或者如康德之前的德国哲学家克鲁修斯所认为的，将完善的概念建立在上帝身上。做道德的行为就是出自于希望获得上帝的奖赏以及恐惧上帝的惩罚，道德就成了一个没有意义的名词。

一个善良的意志具有无条件的价值，是绝对善的。为什么它是绝对善的？因为它通过自我立法，规定善和恶等价值的概念，一切其他善的东西都要以它为条件。

我们为什么要做一个道德的人

自由是什么呢？通常理解的自由就是随心所欲。如果我在公共场所可以不考虑别人的感受抽根烟，那么就是自由不受约束的。在康德那里，这不是真正的自由，而是动物性的欲望在支配人的行动。真正的自由首先在于独立于外来的规定，这种外来的规定可能是他人的规定，也可能如刚才举的例子是自己的感性欲望的规定。除了独立性之外，人还应该做什么呢？这种独立性的自由没有告诉人应当做什么。

按照康德的思路，人的意志总是被法则所规定的，这种法则可能是自然的法则，也可能是自由的法则。如果是前者，那么人和石头一样，都受到自然法则的决定，没有自由。当人把石头从高处抛下时，它唯一的可能就是受到万有引力的决定掉在地上。人有自己的主动性，他在外界力量的作用下不会无所作为。所以，决定意志的法则不可能是自然的法则，而应当是自由的法则。自由的法则就是道德的法则，对于人来说，表现为定言命令的形式。由此，自由和服从道德法则是一回事。一个人是自由的，是因为他服从道德法则，反过来说，一个人服从道德法则，是因为他是自由的，即自律的。那么，在公共场合随意地抽烟就是不自由的，酗酒也是不自由的，因为人受到感性欲望的规定。

既然自由和道德法则二者可以互推，假如人在现实中是自由的，人就肯定会服从道德法则。这是一个很自然的思路。可是人在现实中是自由的吗？很显然不是，人总是受到外在的诱惑。即使人知道撒谎是恶的，但是有时它会带来很多好处，甚至说真话会给人带来厄运，所以人总是会选择撒谎。人知道履行诺言是好的，但倘若一笔无人可以做证的借款能让人过上更好的生活，那么，这个人还是选择背弃诺言。在现实中会有很多诱惑，它们诱导人做不道德的事情。

看来，人在现实中并不是自由的，自律虽然是人意志的一个属性，但是人总是把它埋没在感性的欲望之中。要说明人为什么服从道德法则是有困难的。如果人是自由的，就会服从道德法则。人服从道德法则是因为人是自由的。这就出现了一个循环，人总是在自由和道德法则之间打转，而没有说明其中的任何一个。这就像一个人说"我们之所以要相信圣经，是因为这是上帝的教导"，然后他接着解释人为什么要相信上帝呢，因为这是圣经的微言大义。

有没有摆脱循环的出路呢？人可以考虑，当人把自己看作自由的时，他持有什么样的立场。是的，人是一个理性的存在者，理性的能动性让他摆脱这个感性的世界，进入一个超感性的世界之中。这就像在柏拉图那里一样，只有理性的迷狂才能让人直观到最高的理念。在这个超感性世界之中，人摆脱外在的规定性，其意志具有真正的自律的属性。当别人许以金钱地位利诱他人作虚假供词时，这个人会想到自己是一个超感性世界的存在者，这些外在的东西不能够决定他的意志，他会按照理性的法则来行动。所以人从理性存在者的立场看待自己，他就是自由的。

人同时是一个感性世界的存在者，会受到感性欲望的影响，由于超感性世界比感性世界更具有力量，所以，道德法则对于人来说就是一种命令，体现为定言命令的形式，是一种应当。由此，人应当按照理性的法则行事、不撒谎，即使人实际上还是撒谎了。

人遵守定言命令的理由就在于人是一个理性的存在者，是一个超感性世界的成员。遵守理性的命令让人感受到自己的尊严，这种尊严不在于金钱、名誉和地位等，只在于人遵守自己的理性的法则，做一个道德的人，把自己从动物的野蛮中解放了出来。任何东西都无法替代人的位置，虽然这个人或许是一个很平凡的人。一个经常酗酒的人，总会觉得自己的无助，一个吸食毒品的人会觉得失去了自我，无法控制

134

自己。这是因为他失去了一个理性存在者的尊严，把自己下降到与动物一样的层次。

同时代的人以及当代的康德研究者们，对康德的这个说明有不同的看法。有些人甚至认为康德的这个论证是不成功的。因为虽然可以说理性开启一个超感性的世界，但是无法认识人超感性的本性——自由。康德也承认无法解释自由如何是可能的，因为解释自由就要说明自由的条件，然而自由是无条件的，不能被解释。这样的争议还在持续。不过，"生命诚可贵，爱情价更高。若为自由故，二者皆可抛"，也许自由不是需要说明的，而是需要人努力维护和追求的。

新 的 生 活

担任校长

1785 年上学期，康德再次轮流担任系主任。当时，康德的一个很有语言天赋的学生想申请大学的东方语言的教职，康德非常支持他。这个学生是犹太人，康德知道神学系不愿意看到一个犹太人讲授一门对神学系非常重要的课，但是康德还是抱着希望帮他提交了申请。这个申请最后因为这个学生是犹太人而被拒绝。康德的另外一个学生也有类似的遭遇。这个学生才华横溢，撰写过普鲁士史，头脑也很活跃，但是由于眼盲并且有小儿麻痹症，按照规定，他无法成为天主教徒。他愤愤不平且十分坚持，曾经写了很多信给当时的教育部长策德利茨，然而教育部长从来没有给他回过信。康德很支持他申请大学的教职，但也没有成功。学生的事情对康德造成了一些干扰。

除此之外，康德和同事梅茨格的矛盾进一步深化。早在康德任上届系主任时，因为开课的问题他们就发生过矛盾。这次的矛盾集中在争夺校长的职位上。梅茨格非常自信地认为自己可以当选为校长，康德却极力反对。最后，梅茨格没有成为校长。康德在 1786 年夏天，第一次当上了校长。当然，评选过程有些不顺。担任大学校长的条件是必须成为大学评议会的资深委员。资深委员有 10 个，每学期轮流担任校长职务。康德直到 1780 年才成为资深委员。在评选的过程中，有人认为康德不适合担任校长，因为他不善于处理公共事务。康德没有站出来公开地驳斥这些反对意见，他似乎不是很在意这些事情。幸好克劳斯做了很多工作，努力说服每个委员相信康德有能力担任校长。

康德最终当上了校长。对于评选过程中发生的一些事情，哈曼作出很高的评价，认为康德处理事情的方式具有高贵的哲学气质，证明他的人格的伟大。当康德进行就职演说时，他原来的一名精神失常的学生打断他。这位学生走上讲台，站在他旁边，大声地宣读声明，这时一群学生上前把他架走了。康德认为校长的职务是个沉重的负担，因为他要筹备和主持大学庆祝威廉二世即位的盛大典礼。这个典礼的事务繁多，包括他要被国王召见，还要负责发放邀请函以及国王就职纪念币等。对于庆典的秩序，他唯一的建议是不让闹事的人进入会场。在发放邀请函时，他没有邀请所有的教授；参会人员名单也没有经过评委会的审议等。这些安排都说明康德没有较强的组织能力。同时，与他有过节的梅茨格也趁这个机会在背后捣鬼。这些事情都让他比较厌烦。

还有一件事情也让康德比较恼火。作为校长，他被指控阻碍犹太学生在犹太社区发放门德尔松的纪念画像的筹款活动。门德尔松是犹太人，是康德很尊敬的哲学家。在出版《纯粹理性批判》之后，康德很希望得到这位哲学家的评论。他为受到这样的指控感到很气愤，因而，他不得不发表声明，这件事情与他无关，这只是法律的规定。据载，康德是一个优秀的哲学家，甚至有过目不忘的能力。他可以一字不漏地引用哲学家或文学家的整段文字，可以清楚地记得点名册上每个学生的名字，但是无法有条不紊地同时处理好几件行政事务。

有传记作家描述，在康德看来，哲学系主任与评议会委员的行政事务不是很重要。康德重视的是自己的哲学创作，这与教学和写作相关。当然，这不代表康德很清高，对行政的事务不屑一顾。相反，处理这些事务必须具有相应的才能，比如拥有高超的世俗的经营能力、把握好的人际关系的能力等，但是他不具备这些能力。所以在很多必须由他独力完成的事务中，他基本上是率性而为。在集体决策之处，他大部分是以多数人的意见为意见。

当然，也有人为康德辩护，认为这些不好的评价是对他的误解。他们认为康德虽然在行政事务上是差了些，但是还不是所说的那么差。在需要集体决策的事务上，康德从未否定过多数人的意见，这或许是因为他尊重表决的程序。在康德当上系主任之后，他的学生克劳斯等后来成为他的同事，这与他的帮助是紧密相关的。他的支持者、牧师舒尔茨也获得大学数学教授的职位，以至整个哲学系逐渐成为康德学派。因而他不是没有作为，而是一位幕后指挥者，清楚地知道他自己想要什么。而且，他很关注其他的一些事情，比如穷人的地位、哲学系在大学中的地位等。这些都进一步证明大学的事务在他心中是有地位的。

前面的评价也许更加客观。康德作为一个哲学家，哲学的思考对于他来说是很有天赋的，但是他并不擅长处理学院的事务。而对于他把他的一些学生引荐到大学就职，这不能够证明他处理行政事务的能力。类似的例子在当今的高校很多，有些著名学者不擅长于处理世俗的事务，但是他的学生还是可以留下来任教。

批判哲学似的生活

这段时期的康德成果很多，而且这些成果都具有很大的影响，这使他马上就成了当时最有影响的哲学家。登基不久的国王威廉二世特地接见了他，每年还给他 220 塔勒的津贴。在 1786 年 12 月 7 日，康德成为柏林科学院的会员。不过，康德这个时候已经 60 多岁了，不再年轻，身体的状况也不如原来那么好。据说他的左眼视力开始减退，不断地抱怨所使用的印刷品墨色太暗。讲课的时数也不得不减少为每周 8 个小时。虽然他讲课不像原来那样引人入胜，但是由于他的名声很大，所以仍然有很多学生来听他的讲座。据说他的课堂被挤得水泄不通，学生们通常要提前一个小时占座。

这个时候他最喜欢讲的课是理性的宗教。在他看来，宗教的基础不是盲目的信仰，而是基于理性的道德行为。一个道德的人必然相信上帝的存在，由此他才可以配享幸福，一个目的王国才能够在尘世中建立起来。如果有神学系的学生来听课，他讲课会更加细致，线索更加清晰，说理更加透彻，更能够激动人心。他的想法后来被证实为正确的，这些学生听了他的课，有的人就各地宣扬他的理性宗教和目的王国的理念。

做礼拜、祈祷等宗教的形式在康德的生命中没有任何地位。如果有人问他这些形式的内容，他可能会说："我不清楚教理问答，虽然我从前读过。"这样的场景如果只是在私人场合，那还没什么。但康德在《纯粹理性批判》中对上帝存在的批判让很多人把他看作无神论者，据说他自己曾经担心因此会失去职位。不过这不影响他被关注的程度，这时出现了很多赞成或反对康德的著作，例如舒尔茨的《〈纯粹理性批判〉释义》（*康德曾经打算把它作为形而上学课程的教材*）、斯密德的《康德文字的简单运用的词典》以及《纯粹理性批判纲要》。另外，虽然有些地方比如在哈勒以及马堡明令禁止讲授康德哲学，但是这些地方仍然有康德的追随者。另一方面，哥廷根的费得尔等撰写一些著作来批判康德。在其他地方，康德也引起激烈争论。无论是支持康德还是反对康德的著作都出现了爆炸性的增长。康德在那个时候成了名人，阅读和讨论康德的哲学成为一种时尚。

康德的著作很艰深。这种艰深不仅在于他的理论深度上，还在于他的表达方式也非常难。与之前那种明快和幽默的风格不同，批判哲学的著作的句子很长，难句很多，以至读者要用 10 个手指头指着语句，才可以读完一句话。这些都造成理解的困难和差异，导致当时许多人批评康德在散布危险哲学。在哥尼斯堡有人认为康德的哲学已经让一个年轻学生发疯了，在其他地方也有人持有类似的看法，比如他的一个反对者就认为他的著作败坏年轻人的品位和判断，助长言辞的争论，扼杀追求真正学问的热忱，带来的只有疑惑和不安。总之，他们指责康德的哲学误导年轻人。据说，在耶拿就有两个学生进行决斗，其中一个学生指责另一个学生说他没有真正理解《纯粹理性批判》，并宣称只有花 30 年的时间研读它，才有机会理解它，再花 30 年才有评论它的资格。

康德自己在生活上也和他的批判哲学一样，充满挑战性。据记载，在门德尔松去世后不久，康德举办了一个晚宴。席间有人攻击门德尔松的哲学天赋，一向仰慕门德尔松的康德起身为他辩护。他激情飞扬地赞扬门德尔松的哲学天赋和才能，对方感到不悦。一场争论正在不断升级，场面就要失控。最后康德不顾及主人的身份，拂袖而去，显得很没有礼貌，也让在场的其他人感到非常惊讶。

康德在生活上是个热情奔放甚至率性的人。一个学生给康德寄来了一本《论头晕》的书，他没有理睬，翻都没翻就搁置在书架上，理由是他没有头晕的症状。有的评论家说康德过于高傲，把别人不当回事。其实，这种说法有失偏颇。毕竟康德也是一个人，有自己的取向。当他认为经验心理学不重要时，他就可以对相应的著作兴趣索然，没有必要装作很感兴趣的样子。

康德的财政状况好了之后，他会时常资助他的一些朋友或者学生，比如哈曼、克劳斯等都得到过他的帮助，哈曼的儿子也接受过他的帮助。根据当时的抄写员雅赫曼的回忆，康德的弟弟到外地学医时，他曾经资助过 500 塔勒，这在当时是一笔不菲的费用。不过，让康德很失望的是，他弟弟没有接受哥哥的馈赠。除此之外，康德也期待朋友们帮他做些什么。比如他资助过克劳斯，帮助他在大学谋求到教职，他也希望克劳斯加入他批判哲学的阵营之中。当时，有个反对者把康德的哲学成就解释为一个意外，认为如果仔细地翻看哲学史，就会发现批判哲学其实很平常，没什么创见。康德对这个人比较反感，自己又不方便直接地反驳。于是，他让克劳斯写论文批驳那个人。在康德几次要求下，克劳斯勉为其难地花了几个月的时间写了一篇论文，这篇论文有力地为批判哲学正名。克劳斯对他的成果比较自得，不过康德还是不甚满意，要求他进一步修改。

牧师舒尔茨也遇到相同的情况，在写了《〈纯粹理性批判〉释义》之后，他还写了几篇与康德及其著作相关的论文。与克劳斯不情不愿不同，舒尔茨非常乐意做这些事情。当然，他与康德也闹过不愉快。舒尔茨曾经发表过一篇书评，赞扬乌尔里希的《逻辑学与形而上学讲义》。乌尔里希在这本书中提出对康德的先验演绎的怀疑，而康德认为演绎这部分是其批判哲学最关键的地方。乌尔里希的观点让康德很不高兴，由此，康德对舒尔茨写书评的事情比较恼火。幸好，舒尔茨主动拜访康德，经过一番长谈，二人又重归于好。从这里可以看出，康德是一个对自己的思想和名誉比较敏感，同时在人际交往中也很单纯的人。

新的生活准则

1760 年，好友丰克的去世让康德反省过去追求感性的生活方式。在结识格瑞之后，他彻底成为一个按照准则也就是按照原则来生活的人。1786 年，康德的生活又发生了变化，他改变晚上外出的习惯，只是在下午和朋友们聚会。以前他是在外面用餐的，现在家里雇了一个厨师，专门做饭。这些变化部分是因为康德搬进了自己的房子，更大的原因是格瑞的去世。1786 年，格瑞因为痛风与世长辞，在去世的最后几个月，格瑞无法起床，康德每天定时待在他那儿，陪着他。格瑞去世后，康德晚上很少出去参加宴会。不过康德是一个爱好社交的人，因为在他看来，人就是一个社会性的动物，独居对于一个哲学家来说，是无法忍受的。于是他就在下午邀请一些学生和朋友过来陪他共进晚餐。

据记载，最开始陪伴康德的是克劳斯，后来随着交往圈子的扩大，不断有新人加入，比如哈曼一家。康德经常邀请一些人参加他的晚宴，这些人基本上是哥尼斯堡的上流人士，包括政府高级官员、商人以及牧师等。有时候，康德也会邀请一些到哥尼斯堡慕名拜访他的人共进晚餐。当然，克劳斯是被邀请的固定对象。按照一些传记作家的记载，康德是一个很注重外部形象的人，举止也很优雅，但是克劳斯就完全相反，经常穿着破旧的衣服，上面时不时还有烟灰。克劳斯对这些毫不在意，在聚会时，他的穿着也很随意。有一次，大家谈论起穿着问题，康德就顺势把话题转向克劳斯，以开玩笑的口气建议他定做几套新衣服。克劳斯对老师的建议毫不为忤，欣然接受。过了几天，穿着得体的克劳斯就出现在大家的面前。

除此之外，克劳斯和康德的举止也完全不同。他们都比较瘦，经常一起散步。康德是一个比较稳重、喜怒不形于色的人，而克劳斯是一个活泼的人，经常把自己的情绪放在脸上，语速也比较快。当然和康德在一起时，他会特意放慢脚步。两个人学问的倾向也完全不同，康德的哲学是理性的思辨的学问，比较晦涩难懂，离现实比较远。这也是一些人指责他的哲学脱离现实，对年轻人产生不好影响的原因。克劳斯则不同，他比较关注与现实接近的学问，比如他在大学就开设过经济学的课程，即使是讲授道德哲学，也主要依据休谟和斯密的学说。在当时人看来，二者不同的风格对于年轻人来说，是健康的哲学平衡。

按照一些参与聚会的客人记载，在聚餐中，康德总是表现得神情愉快、双眼有神、充满活力。他说话的时候有哲学家的风范，很迷人。首先他吩咐仆人准备上菜，然后自己取出调羹。他和客人们一起走进装修简单的餐厅，大家随意地坐下来。如果有客人需要餐前祈祷，康德就会中断他让他坐下。桌子上通常有三道菜，还有两瓶酒，加上一些水果和甜点，一切都整洁有序。吃饭的流程一般是先喝汤，然后吃肉。康德自己会很有胃口地吃个不停，等到他吃得差不多了，他就会饶有兴趣地请大家说说最近的新闻。在吃饭时，他基本上不讨论哲学的问题，即使有人试图谈论相关话题，他也会打断他。但是对于新闻，无论是政治新闻，还是社会新闻，他都会非常有兴趣地讨论。

实践理性批判：我心中的道德法则

有形体的形而上学

康德试图建立自然的形而上学和道德的形而上学，分别解决自然和自由的问题，当然最根本的是自由的问题。在写完《纯粹理性批判》之后，他觉得有必要完成他写作自然的形而上学的计划。这个计划是通过自然形而上学的初始根据，来奠定自然形而上学的基本原则，然后再过渡到物理学。1786年的复活节，《自然科学的形而上学初始根据》出现在莱比锡的书展之中。

这本书预设经验性的对象——物体，比如运动的汽车。按照康德对感官对象的区分，外感官的对象是物体，内感官的对象是灵魂（人的心灵）。起初他的计划是这本书分别包含这两部分的研究，但是，他后来认为由于灵魂的经验性知识无法用数学来表达，具有不确定性，所以它无法成为科学，因而以内在感官为基础的灵魂的学说无法成为《自然科学的形而上学初始根据》的一部分。

在康德那里，科学是系统的知识，必须有确定性。这种确定性只能够先天地由理性给予人，所以必须先天地认识最普遍的自然法则之后，才能够拥有确定的自然科学。这就要求一切科学都有一个纯粹的部分，以便能够确立起科学的普遍性和必然性。《纯粹理性批判》已经确立起自然的概念以及最基本的原理。自然与可能经验相关，任何超经验的对象比如上帝、自由等都不属于自然的范围之内，也不属于自然科学研究的对象。比如当时的占星术，在康德那里，根本就没有确定性，因为人的命运与经验无关，人无法预先知道将来是什么样的。把这种一般的自然概念及其规律运用到特定的物体对象之上，就得到有形体的形而上学。

因此，康德在这本书的前言中就说明，物体概念是通过知性的范畴来规定的，它的基本规定是运动。这样，这本书就分为四个部分：第一部分是量的规定，撇开物体运动的一切质，把运动当作一个纯粹的量来考察，这是运动学；第二章把运动当作物体的质，在原始的动力的名目下来考察它，这就是动力学；第三章在相对运动中考察运动，这就是力学；第四部分以模态的范畴来规定物体的运动和静止，从而把它们规定为外部感官的现象，称之为现象学。

康德在这本书第一部分以运动来规定物体的概念，并且规定了运动和静止的概念。在第二部分他从空间和物体的关系来进一步规定运动，同时规定了引力与斥力的概念。第三部分，他从物体与物体之间的关系来规定运动，包括力学的物质守恒定律、惯性定律以及作用和反作用相等的原理。第二个定律和牛顿的很相似，不同的是，牛顿谈的是"力"，康德谈的是"外部原因"。这是因为康德是从因果性原理"一切发生的事情都有一个原因"推出这个定理的，所以他得出与牛顿不同的表述。力学的第三定律与牛顿的物理学是一样的。他没有关注牛顿的第二定律，这是因为把关系的范畴运用到物体的运动，恰好得出这三个定律。第四部分，康德从感性的直观形式空间入手讨论物体的运动，认为物体的运动可以是相对的。物体的运动可以必然地看作另一个物体相反的运动。同时，他批判牛顿认为存在绝对空间的看法，物体的运动和相对空间有关，绝对空间不是我们认识的对象，是一种幻象。

总之，康德不是以实验科学而是以哲学的方式来解释运动的规律。他试图从哲学的角度为牛顿的物理学奠定理性的基础，论证牛顿的物理学为什么必然是真的。从某种程度上说，这本书更接近于莱布尼茨的立场。这导致同时代的人不知道如何看待这本书，以至它出版3年后，只出现了一篇与之相关的书评。愿意花时间来仔细读这本书的人也极其少，当然，康德自己也没有花很多心思在这上面。因为他的批判哲学的体系尚未完成，还有很多更重要的事情等着他去做。接下来，康德花了很多时间准备《实践理性批判》。

预备性的工作

1787年6月，康德在给学生写信时，就提到他的《实践理性批判》已经基本完成，交给了出版商去印刷。这本书的扉页上写着1788年，其实在1787年12月就已经出版了。按照康德的想法，他的批判哲学的作用是给自然的形而上学和道德的形而上学清理地基。按照计划，《纯粹理性批判》以及《道德形而上学的奠基》(《奠基》)已经给这两种形而上学打好了基础。但是，这些书出版了之后，读者的反应让康德觉得有必要澄清某些问题。

首先，康德被别人批评为贝克莱式的唯心论者，他虽然通过书信反驳过，但是他依然觉得有修改《纯粹理性批判》的必要。其次，当时有人批评康德的《奠基》，说这本书没有任何实质性的内容，只是给出一条原则而已。然后，也有人批评康德在《奠基》中没有规定善的概念。再者，有评论人认为根本就没有先天知识，这对康德来说无疑是毁灭性的打击。最后，有人认为康德没有成功地论证定言命令的有效性，也就是没有说清楚人为什么应该做一个有道德的人等。

换了房子、好友格瑞的去世，使得康德改变了他以往的一些生活方式，有更多的时间独处，他可以花更多的精力思考他的哲学事业。1786年，康德开始思考修订《纯粹理性批判》，在写给朋友的一封信中，他谈到修订的《纯粹理性批判》的篇幅将会扩大，它不仅包含原有的对理论理性的批判，而且还包括对纯粹实践理性的批判。后者是康德在《奠基》中认为属于道德哲学的基础部分，还包含澄清和驳斥一些评论者对《奠基》的批评和误解。所以，按照康德的计划，《纯粹理性批判》第二版既包含着"纯粹思辨理性批判"又包含着"纯粹实践理性批判"这两部分。

不过，1787 年《纯粹理性批判》的第二版没有包含后者，修改的部分主要是澄清对他贝克莱主义的质疑。为什么康德改变计划呢？很显然，他在这一年已经开始写作"纯粹实践理性批判"的书稿了，但是没有按照计划作为一个附录放在《纯粹理性批判》第二版的后面。研究者们有不同的看法，有人认为这是因为康德发现原来计划的篇幅太长，所以他不得不单独出版《实践理性批判》，有人认为康德重新论证定言命令的有效性让他单独出版《实践理性批判》。这些说法都有道理，但是还是无法解释为什么康德没有按照预定的计划行事。因为，篇幅的长短可能是其中的一个因素，但肯定不是决定性的因素。而且，康德没有出版"纯粹实践理性批判"，而是出版"实践理性批判"，重新论证定言命令的有效性的说法无法解释他的这种变化。

比较可靠的说法是，康德在研究的过程中，发现"纯粹实践理性的二律背反"，也就是说纯粹实践理性与纯粹理论理性一样会陷入自相矛盾的学说之中。更重要的是，如果这种二律背反得不到有效解决，定言命令就是空的，他的整个道德哲学就是失败的。而且，康德进一步发现，除了人的知识和意志之外，人的情感也需要理性批判。这就是说，批判哲学的事业需要进一步扩大，把人的知、情、意都包含在内，对它们分别进行系统的考察。这些都促成康德出版单独的《实践理性批判》。

《实践理性批判》

在序言中，康德一开始就说明了为什么出版的不是"纯粹实践理性批判"，而是"实践理性批判"。因为按照类比，有"纯粹思辨理性批判"就应该有"纯粹实践理性批判"。原因在于，纯粹实践理性不需要批判，只要说明它具有实在性，那么它就成为批判一般实践理性的标准。纯粹实践理性就是说人的理性可以独立地规定人的意志和行为。理性命令人不要撒谎，如果撒谎会给人带来很多好处，甚至不撒谎会让人变得不幸，而人完全不考虑这些可能的后果，遵循理性的命令不撒谎，那么这就说明理性能够凭借自身的力量规定人的意志。但是假如人没有撒谎仅仅是因为考虑到相应的后果，理性必须借助于其他的因素（感性欲望）才能规定人的意志和行为，那么纯粹实践理性就是不存在的。

有纯粹实践理性吗？如果从人的日常生活来看，人是持有怀疑态度的。那些高调行善的人使人感到欣慰的同时，也让人怀疑他的动机，或许他只是为了获得荣誉和其他的利益才做好事。但是，康德认为，存在着纯粹的实践理性，这是一个"理性的事实"。理性的事实从字面的意义来看，它不是感性的事实，不能够从人的日常观察中获得，而是理性直接给予的事实。从这个事实出发，就可以得出自由的实在性，从而自由不是一个悬在天上的理念，而是确实存在于人的心中。当绞刑架放在面前，一个人被要求做伪证时，他很可能还是屈服于外在的压力而做伪证。但是，他肯定会犹豫要不要这样做，当他做了伪证之后，他心中会感到一丝内疚。这就证实他能够遵守定言命令，他的理性能够决定他的意志，从而他感受到他能够摆脱感性欲望的自由。

康德直接断定存在着"理性的事实"，这就回应了一些人批评康德没有成功地演绎定言命令的看法。定言命令的有效性不需要演绎，人都有服从定言命令的意识，也就是说本质上都是有道德的人，只是感性的欲望让我们经常偏离正确的轨道。当然，或许康德的这个看法是独断的，没有理由完全相信人的本性是道德的。不得不说，这是他的一个乐观主义的想法，即人们都知道何为善、何为恶，即使最坏的恶棍，当在他面前展示一个善的榜样时，他也会感到内疚，这正是因为道德法则在他心中产生了作用，使他意识到未曾注意的自由与尊严。

针对有人怀疑是否存在先天知识，康德的回答比较简单。在他看来，有理性就有先天知识，承认有理性而否认有先天知识，这正如否认三角形有三个角一样是荒谬的。也有人会反驳，人何以知道自己有理性呢？从哲学史的角度来说，笛卡儿的"我思故我在"说明人是一个具有理性思维的存在者，之后这个观念成为一个常识性的东西。即使不参考哲学史，日常生活中，人和人之间的语言交流、人对手段和目的的选取等，都说明人是具有理性的。

与《奠基》类似，康德在《实践理性批判》中，也阐明了定言命令是什么。不过，他从一个新角度来阐述这个问题。《奠基》是从意志的概念出发推导定言命令，《实践理性批判》则从形式和质料的概念推导定言命令。定言命令是无条件的命令，无条件的命令是什么样的呢？幸福的原则肯定不是无条件的。"为了获得幸福，我应当要帮助他人"，如果有一天发现帮助他人只会降低自身的幸福感，那么人就不会继续行善。所有质料的原则都属于幸福的原则，所以无条件的法则只能是形式的法则。一个法则把质料去除之后，就只剩下合法则的形式，也就是说要求准则能够成为一个普遍的法则。

道德哲学通常的方式是首先规定善和恶的概念。很多哲学家首先把快乐、幸福、完善等对象规定为善的，然后进一步规定道德的行为就是促进这些对象的行为。但是康德没有这样做，虽然《奠基》开篇提出善良意志是绝对善的观念，但是康德马上就进入对义务概念的分析，得出善良意志之所以是善的是因为它的准则是一个普遍的法则的结论。所以，处于首要地位的不是善的概念，而是法则的概念。很多人对此不适应，批评康德善的概念没有先于道德法则而得到确定。回应这个问题是很重要的，它表明批判的道德哲学的特别之处。

如果善的概念先于道德法则，那么行为的善和恶就是以行为所产生的后果来作为标准的。如果规定快乐是善，或者幸福是善，那么一个行为能够给人带来快乐或者幸福，就是善的。这样，意志就不是自律，而是他律。批判哲学正是要颠覆这个观念，道德哲学的真正的原则是意志的自律。道德法则是形式的法则，善的概念是由法则来规定的。为了更好地说明这个问题，康德区分两组概念，善恶与福祸。善恶是理性的概念，由理性的法则所规定。福祸是感性的概念，是后果主义的核心范畴。

康德举了一个简单的例子，一个痛风病人在疾病发作时，虽然他很痛苦，这种痛苦很显然是一种祸，但是这依然不减少他的人格的价值。因为他知道人格的善是由理性的法则所规定的，而不是由感性的欲望所决定的。康德可能说的是格瑞，格瑞虽然深受痛风的折磨，但是这依然没有降低他的价值。可以举另外的一个例子，一个要动手术的人，他知道手术是很痛苦的，但是，他也理解只有通过手术才能够给他带来健康。所以手术对于他来说是一种善，尽管它也可能是一种祸。善恶与祸福是两种不同的评判标准。

如何来判断一个行为是善的还是恶的呢？理性的善恶概念是超感性的，无法通过感官呈现出来，人无法看到或者听到行为的善恶。既然道德法则规定了善恶的概念，道德法则可以类比为自然法则，或者说通过自然法则的普遍性，人可以理解道德法则，那么自然法则可以作为一个模型让人理解善恶的概念。这就是说：如果一个人的行为可以成为一个自然法则的话，那么它就是善的，否则就是恶的。如果每个人都为了获得自己的好处而欺骗他人，或者一旦生不如死，就结束自己的生命，这样的行为都不能成为一个自然法则，所以，它们是恶的。

人做某个行为，总是对它有某种兴趣。比如商人对待顾客"童叟无欺"，这是因为他对获取利润感兴趣。在他律的道德原则中，做道德的行为的兴趣和道德行为本身是分开的。比如按照道德感的理论，一个人帮助他人，是因为这样的行为能够带给他愉快的感觉。同时，在功利主义者看来，帮助他人是因为它会促进大多数人的最大幸福。按照康德的看法，如果道德行为的价值就在于行为本身，那么人如何能够对行为本身感兴趣呢？人都有追求自己感性欲望的倾向，在撒谎可以给自己带来好处时，人很有可能会选择撒谎。可是理性命令人应该说真话，那么为什么要听从理性的命令呢？这个问题是一个比较难回答的问题。

康德的回答是，道德法则本身就是一个让人感兴趣的对象，即行为本身就是值得做的。为了说明这个问题，他在这本书中，引入道德心理学的一些新的内容——人对道德法则的敬重。人人都关注自己的感性欲望和幸福，这是自爱。它不一定是不好的，只要在道德允许的范围之内。比如人可以赚更多的钱，只要不损害他人的利益。道德法则只是限制自爱，却完全否定自大。因为自大把幸福放在道德法则的前面，认为幸福比道德法则更重要，甚至把道德法则当作满足自己欲望的手段。要知道，道德法则才是无条件善的。

道德法则对自大的否定在人的心中产生一种敬重的情感。敬重不是针对物的，有的人可以喜欢一辆车，但是他不可能敬重它。敬重只是针对人的，但是这个引起敬重的人，不是因为他的财富、地位以及荣誉等，而仅仅是因为他是一个有道德的人。从他身上，可以看到道德法则的实在性，贬低了自大，在人心中产生了对他的敬重。与其说敬重的是他，不如说敬重的是心中的道德法则。康德举了一个法国科学家丰奈尔的例子，丰奈尔曾经说过："我在贵人面前鞠躬，但我的精神并不鞠躬。"康德加上了一句："在一位出生卑贱的普通市民面前，当我发现他身上的正直品格时，我的精神鞠躬。"所以，敬重不是一种愉快的情感，甚至由于它消除了自大，是一种不情愿的痛苦的感觉。然而当人反思这种痛苦之后，就发现自己是道德法则的主体，能够摆脱感性的束缚，是一个有尊严的存在者。一个酗酒的人，当他看到别人健康地生活时，他不禁产生对自己的鄙视以及对他人的敬重，从而他知道自己也能够摆脱对酒的依赖，做一个独立自主的人。

与纯粹理性在认识自然的过程中相似，它在实践的运用中也会产生二律背反。这是理性的本性，它向一个有条件者追寻无条件者。现象中只有有条件者，无条件者只能够在物自身中寻求。由于人无法认识物自身，所以对于它是什么，基于不同的立场，人们就有不同的甚至相互矛盾的说法。在实践的运用中，理性为实践上的有条件者寻求无条件者，这就是至善的概念。至善是一种圆满的善，与最高的善有区别，后者就是德行。人们希望获得幸福，但是也意识到自己应该同时是有道德的人。同时，一个有道德的人也希望获得幸福，否则，这个世界就让人感到绝望。

虽然只有道德法则才是意志或者说行为的规定根据，但是即使把它当作行为的规定根据之后，理性还是在追求最圆满的善——至善。由此，理性命令人追求至善，追求至善就是一个义务。作为一个义务，它预设了至善是可以实现的。因为任何义务都是能够实现的，否则就不是义务。帮助他人的义务加上了"力所能及"的限制条件，否则它就无法成为一个义务。如果至善不可能实现，理性的命令是空的，那么道德法则就是无效的命令。所以，解决至善的问题涉及道德哲学的基本问题，它至关重要。

哲学史上，伊壁鸠鲁学派和斯多亚学派试图解决至善的问题，它们是古希腊晚期的两个重要派别。在前者看来，幸福就意味着德行，也就是说一个幸福的人就是有道德的人；在后者看来，德行就是幸福，一个有道德的人同时也是幸福的人。虽然二者看法各异，但是他们有个共同的设定：幸福和德行是分析的。正是因为这样的看法，伊壁鸠鲁学派被人看作是纵欲主义者，斯多亚学派被人看作是禁欲主义者。其实这样的看法存在误解，伊壁鸠鲁自己的幸福概念不包含后人所理解的放纵地吃喝玩乐，而是指身体的健康和心灵的平静。身体保持健康无疑是好的，不受到外物的干扰、保持心灵的自由和宁静，在现在看来也是很有价值的。

按照康德的理论，幸福属于自然的范围，德行属于自由的范围。它们分别属于现象和物自身的领域。与伊壁鸠鲁对幸福的理解不同，在康德看来，幸福就是感性欲望的满足。从幸福推出德行，这是完全错误的，所以康德不同意伊壁鸠鲁的看法。康德对伊壁鸠鲁的批评，针对的是一种通俗式的伊壁鸠鲁学说。从德行推出幸福，也有问题。很多人有德行，但是并不一定幸福。比如斯宾诺莎被公认为是一个有德行的哲学家，然而他很穷。总之，有福者未必有德，有德者未必有福。德行和幸福不是分析的，而是综合的。

看来，古希腊的两个重要学派都没有解决至善的可能性问题。既然德行和幸福是综合的，至善是德行和幸福的结合，那么这种结合是什么关系呢？很显然，从幸福无法推出德行，那么就只能从德行推出幸福，有道德的人配享幸福。问题的关键是如何确保这种结合能够在现实中实现。每个人都具有意志的自律的属性，但是这种属性是潜在的，需要很长的时间才可能转化为现实。人的生命是有限的，他在有生之年不得不经常和恶作斗争，难以成为一个真正有道德的人，所以人要成为一个有道德的人必须悬设灵魂的不死。

历史上很多有志之士为了人类的自由和解放进行了残酷的斗争，甚至献出了自己的生命。一个敢于说真话的人，可能在说完真话之后会受到严厉的打击和报复。由此，一个有德的人很难配享幸福，甚至会承受更多的灾难。所以，需要悬设一个全知、全善、全能的创造者——上帝。他知道哪些人是善的，哪些人是恶的；他很仁慈和公正，对于有德者必然奖赏，作恶者必然受到惩罚；他也有能力让德福一致。总之，上帝保证了善有善报恶有恶报。

所以，做一个善良的有道德的人吧，即使目前得不到酬报，来世也会配享幸福。灵魂不死和上帝的存在作为悬设与假设是不同的。假设可能是没有根据的，比如为了解释一个人今天为什么没有上班，可能的理由是今天下雨了，但是这不是必然的解释，因为别的解释也是可能的。悬设是有根据的预设，人预先知道上帝和灵魂不死是至善可能性的必要条件，不管至善是可能的还是现实的，它们都是它的必要条件。

在《纯粹理性批判》中，康德把传统哲学关于自由、灵魂以及上帝的知识都看作没有根据的，以至有人惊叹批判哲学摧毁了一切。但是，在《实践理性批判》中，批判哲学又重新肯定了这些对象的实在性。不过它们不是认识上的实在性，而是实践上的实在性。人不能够认识这些对象具有什么样的性质，只是相信这些对象的存在。尤其一个道德的人更有理由信仰灵魂不死和上帝的存在。这三个对象有区别，自由是道德法则的存在条件，没有自由，任何道德法则都是无效的，而上帝和灵魂不死与至善是联系在一起的。所以，自由比上帝和灵魂不死更重要。

人是一个理性的存在者，理性有认识和实践两个方面的应用。前者是能够思维和认识这个世界的能力，后者是改造这个世界，发挥自己能动性的能力。由于人无法认识物自身，所以人的认识是有缺陷的。但是这个缺陷被人的实践能力所弥补。通过行动，人有理由相信那些无法认识的东西。实践高于认识，从本质上来说，人是一个行动者。

第 8 章

世界是合乎目的的

哲学家的友谊

根据康德的抄写员雅赫曼的记载，康德在思考和写作批判哲学的著作时，全身心都放在自己的批判事业之上，没办法跳出自己的思想体系，很难系统地理解别人的观点。甚至对于批评他的观点，他也需要费很大的精力才可以了解。于是他不得不经常委托朋友和学生为他读书，告诉他内容或者结论，然后他才可能理解别人的体系与他的体系之间的区别。或许正是因为如此，他让他的朋友和学生在前线为他的哲学辩护。

在这些朋友和学生中，有些是真心愿意担负这个任务的人，比如舒尔茨。他在 1787 年写了 4 篇辩护康德哲学的书评，1788 年又写了一篇，在 1790 年还写了几篇介绍康德哲学的论文。不过，有人就不怎么乐意做这些事情了，比如克劳斯。应康德的要求，他刚刚写完批判迈克斯的文章，接下来又被要求撰写对乌尔里希《论自由与必然》的评论。乌尔里希在这本书里面提出自由和必然是兼容的，一个人在过去可能是被必然决定的，但是在将来是自由的，能够变得更好。他的看法与康德不同。在康德看来，自由和必然在同一个层次是不能兼容的，如果一个人在过去是不自由的，那么在将来他也是不自由的。但是，自由和必然在不同的层次又是可以兼容的，这需要区分人的两种存在方式，一种是现象的存在方式，一种是本体的存在方式。人在现象的层面是被必然决定的，而在本体的层面是自由的。

克劳斯在书评中按照康德哲学的基本观点批判乌尔里希。他认为，乌尔里希有一个错误的预设，即人可以理解自由。而在康德看来，自由是一个"谜"，是不能被理解的。对于人来说，人只需要理解自己不可以理解自由就行了。乌尔里希所说的自由没有摆脱机械的因果作用，不是真正的自由。不管怎么样，康德对自由和必然的关系问题的解决，在当代哲学界一直是一个在不断探讨的问题。

接着，克劳斯为康德做的另外一件事情就是评论赫尔德的《关于人类历史哲学的思想》。他本来已经写完了初稿，然而由于康德不断地给他新的材料和观点，导致他不得不几次中断写作。更重要的是，这样的任务让他感觉很难受。他觉得自己总是受到他老师康德的摆布，没有自我。而且，他自己的学术倾向和康德不同，甚至是相反的。不断地为康德辩护让他心里承受很大的压力，最终导致二者关系冷淡。按照克劳斯的一个朋友的记载，康德经常催促克劳斯写他不愿意写的文章，他自己很不满。虽然有一次，克劳斯很高兴地拿着康德送给他的一个戒指给他的朋友看，但是不久之后，他们的关系就出现了问题。

克劳斯一直陪康德在家里用晚餐和聊天。也许在这个过程中，康德总是以老师的身份来教导他，告诉他应该怎么做，然而，他逐渐受不了这样的教导。后来在没有任何征兆的情况之下，他没有到康德家里吃饭。康德感到很委屈，始终不明白为什么会出现这样的结局，他认为自己没有做错什么。有人会批评克劳斯忘恩负义，因为康德是他的导师，用心培养了他，而且帮他谋取了大学的教职，为他的发展铺平了道路。也有人批评他不注重礼节，毕竟康德没有在公众场合对他无礼。即使康德让他做不愿意做的事情，他也应该以礼貌的方式，比如通过书信说清楚，而不应该以如此唐突的方式中断他们的关系。

其实，他们都没有错。康德是一位哲学家，也是克劳斯的老师。他同时也是行会师傅的儿子，会受到行会规矩的影响。在康德心里，克劳斯应当继承和发扬批判哲学的精神，这就像行会师傅把手艺传给徒弟一样。克劳斯开始不得不忍受康德交给他的任务，他不好意思直接拒绝。然而，他毕竟是一个有自己独立想法的人，最后，他感觉自己无法继续这样忍受下去了，只好通过直接的方式解脱出来。这个事情也说明哲学与手艺的区别，后者有固定的程式，前者的本质是独立的思考。康德很欣赏克劳斯，在于克劳斯是一个非常聪明的人，聪明的人都会有自己的独立性，不可能被固定在他人规划的道路上。这里存在一个有趣的悖论，优秀的教师会很欣赏有才能的学生，而如果学生真的很有才能，必然会打破老师的局限，开辟新的道路。这样总会给老师带来某些伤害。亚里士多德之于柏拉图是如此，海德格尔之于胡塞尔也是如此。人类的文明的进步正在于此。

不过，两个人在公开的场合没有发生不愉快的事情。如果他们赴同一场聚会，那么他们虽然会刻意地坐得比较近，但是始终保持着一定的距离。从此以后，康德虽然和很多人保持着友好的关系，但是他没有一个像格瑞那样的可以分享自己的看法并且能够获得好的建议的朋友。他更加沉浸在自己的思想世界里。

哲学家的政治抉择

1786 年，腓特烈·威廉二世继位之后，普鲁士发生了一些对康德不利的变化。威廉二世是一个没有主见的人，容易受到他的智囊团的左右，而这些谋士们倾向于捍卫宗教。由于康德的名声和影响，起初他对康德礼遇有加。然而，康德的"粉碎一切"的批判哲学以及建立在理性基础之上的宗教观，违背智囊团的意志，普王开始后悔对他的支持。当时有些学者也是因为宗教观念的问题而受到排挤，甚至沦为阶下囚，康德不得不担忧自己的处境。

腓特烈·威廉二世与他的叔父腓特烈大帝不同，他并没有树立好的威望。他一边听从智囊团的主意，重视宗教，提倡臣民的道德修养，一边又不断地传出关于他的作风问题的丑闻，而且他生活非常奢侈。他的这种虚伪的生活方式，让他的臣民感到很失望。他的领导力的缺乏，也反映在他的宗教政策上。17 世纪德国出现了一个神秘的宗教组织——玫瑰十字会，这个组织宣扬一种神秘的宗教体验。普王受到他的智囊团的影响，大力宣扬这种蒙昧主义的思想，甚至自己也加入了这种教会。他把这种思想当作国家正统的意识形态，并且打压理性主义者。

在这场斗争中，沃尔纳是一个需要关注的人物。他是一个宗教狂热分子，把理性主义者看作自己的敌人。为了满足自己的利益，他想方设法试图取代教育部长策德里茨的地位。策德里茨是一位注重启蒙的思想家和政府官员，也是康德坚定的支持者。特别是康德评教授的事情上，他给康德提供了很多帮助。1788年，沃尔纳基本上达到了自己的目标。他占据了很多职位，控制了很多资源，同时成为主管宗教事务的部长。1788年7月9日，政府颁布宗教法令，12月19日又颁布书刊审查法令。前者规定神职人员必须服从天启宗教，严禁用理性来证明或者反驳教义。

从此，像康德一样的理性主义者必须在这个时候抉择，是选择继续做理性的传道者，还是被迫按照政府的要求来研究和思考。普鲁士的一些知识分子开始接受审查，与康德关系比较密切的一些学者也受到了一些处罚，有的甚至被关进了监狱。康德在论文《回答这个问题：什么是启蒙？》中，认为启蒙最重要的是要保证思想和言论的自由。他也对当时的普王寄予厚望，期待他能够引领人民启动一场自上而下的启蒙运动。所以，在这个时候，康德虽然没有明确反对，但是也没有放弃理性主义。

这段时间发生了影响康德很深的政治事件——法国大革命。1789年5月，七年战争对美国的干预以及王室的挥霍无度造成国库的空虚，国王路易十六召开三级会议企图向第三等级增税来解决财政问题。第三等级包括农民、手工业者以及资产阶级等，是承担纳税义务的主体。三级会议已经有160多年没有召开了，在三级会议上，路易十六提出的增税问题不仅受到第三等级的集体反对，而且他们还提出修改宪法、限制王权等要求。路易十六不同意，于是第三等级宣布退出三级会议，成立国民议会。路易十六派军队镇压，引起第三等级的反抗。在7月14日，他们攻占象征着王权的巴士底狱。8月26日制宪会议通过《人权与公民权宣言》（简称《人权宣言》），确立人权、公民自由权和私有财产权等基本原则，宣布每个人生来是而且始终是自由的，在权利方面是平等的，财产权是神圣不可侵犯的。法国旧的秩序被打破，新的秩序建立起来了。

法国大革命所确立的原则是由法国的启蒙思想家伏尔泰、卢梭等确立的。他们宣扬人的平等和自由，提倡用革命的手段来实现它。康德的启蒙思想和他们的思想是一脉相承的，只不过他的思想保守一些。可以说，法国大革命的成功是康德自由思想在现实中的实现。如果说理性的理念一直在真空中，与尘世太远，那么法国大革命的成功则让这些理念变为可以实现和看得见的东西。它证明康德哲学的可实践性，对此时的康德有莫大的鼓舞。

除了如歌德一样的少数知识分子自始而终都反对法国大革命之外，大部分的德国知识分子都表示支持。年轻人比如克劳斯、费希特等都表示赞同，康德与其学生一样也受到革命的鼓舞。据载，一位学生在信中写道："这场革命是哲学的第一个实践的胜利，在世界历史中，是第一次以新的秩序取代旧的秩序的政府，这是人类的希望，对于许多生活在邪恶中的人们来说，这也是一种慰藉。"

革命的发展逐渐脱离预定的轨道，罗伯斯庇尔上台后，制造白色恐怖。这些恐怖在很多人看来违背革命的初衷，消息传到德国，一些人转变对法国的看法，而且出于对自身利益的考虑，普鲁士政府也贬斥革命、禁止讨论革命。然而康德对法国革命的态度一直没变，甚至在聚餐中，他也不讳言讨论和赞扬革命。革命成为他感兴趣的话题，他对革命后续的发展非常好奇。这样的心态一直持续了很久，革命过程中出现的残暴和不道德的事情依然不改变他对革命的肯定态度，因为他坚信共和制是最好的制度。

《判断力批判》

与《判断力批判》相关的著作

1790 年，康德出版了《判断力批判》。康德最初的打算是出版《鉴赏批判的奠基》这本书，在完成《实践理性批判》之后，他就开始着手写这本书了。后来在出版时，康德把这本书改为《判断力批判》。

在 1784 年的《关于一种世界公民观点的普遍历史的理念》、1785 年《人的种族概念规定》以及 1786 年的《人类历史揣测的开端》中，康德都使用了目的论原理。在后面一篇论文中，他认为"我们揣测人类的历史的开端，这与小说家虚构小说一样，是不可靠的。然而，我们可以从目的论的角度来看待这个问题，即大自然给人类造成的开端是怎么样的。这种揣测不是在经验中考察人类的历史，比如人来源于什么，以及人的社会是如何形成的等，而是从人已经具有理性的能力开始，讨论人应该如何发展，也就是说，它是对人的自由的发展的揣测"。

在这篇论文中，康德试图展示人的理性如何从本能中逐渐摆脱出来，然后发展自己的。首先，理性从人的饮食的本能中摆脱出来，人不像动物那样，被本能局限于特定的食物，而是尝试新的食物，由此，他可以选择一种新的生活方式。其次，理性在性本能上也发生了作用。在动物那里，性只是在特定时期的一种冲动，人却可以通过想象力延长这种本能。让性的吸引力脱离感官，同时也学会了拒绝。这些都使性的吸引力从感官的吸引力发展到观念的吸引力，从动物的欲望发展到爱，由此产生美的鉴赏。这种爱起初是对人体的爱，然后发展到对自然的爱。它们都有助于道德的发展。

人的理性发展的第三步是对未来的期待。男人会预见到未来的艰辛，女人则预见到生孩子的痛苦。人对未来最大的担忧是对死亡的恐惧，虽然其他动物也会死，但是它们不会担忧死亡，因为它们没有意识到死亡的恐惧。但是理性会让人知道生命的有限性，甚至让人时刻生活在这样的恐惧中。这种恐惧也有它的积极作用，即促使人好好地规划未来。理性发展到把人完全脱离动物的一步就是，他认识到只有他才是自然的目的，其他的都只是它的手段。他可以对一只羊说："大自然赐予你身上的皮，不是为了你，而是为了我。"并且他把羊皮剥下来，穿在自己的身上。同时，他也意识到，其他人也与他一样，具有理性，彼此是平等的，在交往中都把对方看作目的自身。

康德对人类历史的看法是从自然目的论的角度来考察人

的理性和自由的发展。这与他的学生赫尔德从实证的角度看待历史是不同的，两人发生过争论，最终导致他们分道扬镳。1788 年的《论目的论原则在哲学中的应用》一文中，康德进一步说明目的论原理的运用范围，"在自然科学范围之内，我们必须以自然的方式解释自然现象"。然而自然科学的原理有其局限，由于有机体的发展变化无法用经验来证实，所以在解释这些发展变化时，应该使用目的论原理。这些思想已经很接近《判断力批判》了。

《判断力批判》

目的论思想在康德那里一直存在着，但是把它作为批判哲学的一个环节，则是康德在写完《实践理性批判》之后才出现的想法。通过《纯粹理性批判》《道德形而上学的奠基》以及《实践理性批判》，康德似乎已经完成他的批判哲学的事业。自然的形而上学和道德的形而上学的框架已经搭起来了，剩下的就只是在上面添加些东西，使之更丰富些就行。

可是事实不是这样，康德发现一个严重的问题：自然和自由的领域是完全隔绝开的，自由的人和自然的人是分裂的。在自然的领域中，人是被他物所决定的，没有自由和尊严；在自由的领域之内，人是自由的，具有无比的尊严。人在认识自然和追求幸福时，可以不讲道德，在做一个道德的人时，他又不能增进对自然的认识和获取幸福。至善即德福一致在现实中是不可能实现的。至善无论是在康德的哲学体系中还是在哲学的有用性方面，都具有中心的地位。康德甚至认为，如果至善无法实现，那么道德法则是空的。至善有实现的可能性，这就需要自然可以过渡到自由，人的道德追求可以让他配享幸福。

1788年，在写给朋友的信中，康德说在写一部关于鉴赏的著作，它是一本美学的著作。第二年，他写给朋友的信中，宣称正在撰写《判断力批判》，美学只是其中的一部分。有人认为，康德出版这本书，是为了反驳赫尔德，说明目的论原则的重要性。这样的看法是有问题的，因为康德把反驳赫尔德的任务交给了克劳斯，虽然后者勉为其难。康德有太多的事情要做，不可能花费太多的精力在他的对手身上，这些事情属于"哲学家的友谊"的范围，自然有他的一些学生和朋友帮忙。康德完全是从批判哲学角度来撰写《判断力批判》的。

如何能够实现从自然到自由的过渡呢？康德是一个体系性很强的哲学家。人的心灵有三种能力，即认识、情感和意志，人的高级认识能力包括知性、判断力和理性。批判哲学已有成果揭示出知性与理性先天地给人的认识能力和意志能力立法，处于中间地位的判断力是否也有能够给人的情感立法的先天原则呢？如果有，它是否可以连接自然领域和自由领域呢？

在《判断力批判》的导论中，康德对批判哲学已有的工作作了一些很重要的回顾。他强调哲学划分为理论哲学与实践哲学，分别对应于自然和自由的领域。批判哲学的自由概念完全不混杂任何自然的东西，比如在很多哲学家看来，人追求快乐和幸福也是自由的。但是，在康德那里，这些追求仍然是在理论哲学的范围之内。也正是如此，自然和自由完全不同，两不相干。为了实现从自然到自由的过渡，康德猜测，按照类比，判断力作为中间的认识能力给同样作为中间的心灵能力的情感立法，以实现从认识到实践的过渡。

判断力是一种什么能力呢？在《纯粹理性批判》中，它是感性和知性的中介。人可以看到圆盘，却看不到实体，但是在不同的时间内，人通过感官可以知道这个圆盘是存在的，也就是说这个圆盘的存在在时间中具有持续性。这种持存让人理解抽象的实体概念。所以判断力的作用在于把知性的概念可感化。这个过程要求知性首先提供一个普遍性的概念，比如实体，然后判断力把这个概念应用到感官对象中。康德把这种判断力称为规定性的判断力，它没有自己的法则，只是起到规定性的作用而已。

自然的很多方面看起来是偶然的，无法用自然法则来解释的。比如，通过自然法则无法理解有机体的生长过程。同时，自然法则只是关注于自然的部分，而不能上升到整体。自然法则告诉人，任何事物的产生和变化都是有原因的，但是它无法告诉人整个自然界有没有一个终极的原因。人不满足于理解自然的普遍法则，还想解释这些特殊的法则。于是人的判断力从自然的特殊的东西上升到普遍的东西，看到一朵花，然后得出"它很美"的判断。知性范畴不能提供这样的结论，只有反思判断力从特殊上升到普遍，才让每一个人看到这朵花时，都会觉得它很美。这种普遍的原则虽然不能让人认识这朵花，因为"这朵花是美的"只是激发人的愉快的情感，但是它预示人的认识能力的协调。

这种协调不是为了认识事物，而是为了获得愉快的情感，让人感受到自由，所以反思判断力以先天的原则给情感立法。《判断力批判》分为两个部分，第一部分"审美判断力批判"处理的是审美判断的有效性，得出审美判断的先天原则是形式的合目的性原则，审美判断是普遍的是因为人人都有共通感。第二部分"目的论判断力批判"把这种形式的合目的性原则运用到自然，弥补自然科学的不足，从而把整个自然都看作一个有目的的整体，其中作为道德的人是其最高的目的。这样，自然就过渡到自由，知性（为自然立法）和理性（为自由立法）协调起来，至善在自然中的实现具有了可能性。

这部著作在很多西方学者看来是一本纯粹的美学著作，它的第一部分确实谈的是美学的问题。其实，这是一个误解。在康德那个时代，美学还没有成为一门独立的学科。他也不是出于美学的兴趣来写这本书的。不过他对美的看法，在当代美学中是非常有影响的。

"这朵花是美的"是一个鉴赏判断。首先它与任何利益无关。它与快适与善不同，快适是让人喜欢的东西，比如一个人喜欢吃鱼，吃鱼让人很快乐。善是由理性所规定的、感觉到好的东西，做善事也会使人感到愉快。快适和感官的对象有关，比如人对吃鱼的兴趣和鱼有关。善与理性的价值有关，只有美是没有利益而让人感到愉快的。其次，美的判断虽然与概念无关，但是具有普遍性。这朵花是美的，不是因为它符合某个概念，而只是因为看到它就让人心旷神怡，感觉到它很美。虽然美没有客观的标准，直接与人的情感相关，但是它具有普遍性。这朵花是美的，不仅一个人这么认为，别人也会这么认为。这点也与快适有别，有的人吃鱼很快乐，有的人吃鱼可能会反胃。善具有普遍性，比如不要撒谎对于任何有理性的存在者来说都是善的，但是与美不同，它是由理性规定的。

再者，美具有普遍性是因为它有一个先天的根据，即形式的合目的性原则。目的是人心中想要实现出来的概念的对象，如果想建一栋房子，那么房子就是人的目的，想通过人的行动把房子的概念实现出来。房子的设计、砖瓦等材料彼此之间都以建造房子为目的，是合目的性的。虽然美是无利益的，不预设任何目的，但是它又引起人的认识能力之间的协调，这种协调直接地导致愉快，所以美是一种无目的（*形式*）的合目的性。人看到花朵，感到很放松，人的想象力从一天的工作（*知性的规则*）中解放出来，愉快的感觉随之而来。当然，在现实生活中，人判断一个事物是美的，不一定是完全没有目的的概念，比如当谈到一个男人或者女人的美时，还预设了这个人应该是什么样的。康德不否认存在这样的情况，为此他区分自由美和依附美。自由美不预设对象应当是什么，是一个纯粹的鉴赏判断。依附美预设目的，是一个应用的鉴赏判断。真正的鉴赏判断只涉及前者。

最后，为什么美的判断是必然的？因为人的认识能力是协调成比例的。正如如果一个三角形的三边的比例是 3：4：5，那么它就是直角三角形。人的认识领域也存在着相应的比例，这种比例使人的认识成为可能的，同时，人的情感也依赖于这种比例。康德把认识能力的这种协调一致称为共通感。人的认识可以传达、情感具有普遍性，都是由于人具有这样的共通感。康德列举了共通感的三个原则：（一）自己思维；（二）在每个他人的地位上思维；（三）在任何时候都与自己一致地思维。这也是启蒙的原则。

如果说美是知性和想象力的协调，那么崇高就是理性和想象力的协调。人觉得一朵花很美，它让人感到很愉快，这是美。崇高与之不同，当人观赏一个很大的瀑布时，人感受到大自然的强大力量，知性的有限性不足以把握它，人感到自己的渺小甚至无能。这种自卑感唤醒人的理性能力，只有理性的无限力量才可以把握它，于是想象力从知性上升到理性，获得一种超越性的愉快感。又比如人观看金字塔，从远处看时，觉得它很美，当走到近处，人的视野无法完全把握它的大时，就会觉得它很崇高。崇高和无限是联系在一起的，是需要依靠人的理性才能够把握的。所以，对象的崇高本质上还是人的理性的崇高，即道德的崇高。通过观感无限的东西，体会到心中道德法则的伟大。

也正因为这样，康德强调，崇高虽然也是想象力和理性的认识能力的协调，可以普遍传达，但是只有具有一定素养的人才能够感觉得到。在观看高耸入云的山脉、广阔无垠的海洋时，一个有素养的人感到自己的渺小的同时会感到道德的崇高，没有教养的人可能只会感到自己的渺小。

美和崇高都会直接引起内心的愉快情感，这种情感具有主观的普遍性，根据在于每个人都有共通感。这种共通感虽然人人都有，却需要现实中的某种东西把它表现出来。这种表现的手段就是艺术，艺术既属于人的自由的创造，是合目的性的，又没有特定的目的。一幅美丽的素描，若仅仅从某些线条来看，很难感觉到美。只有从整幅画着眼，才会发现这些线条，包括空白，都是合乎目的的，并且从这种合目的性中感觉到美。

正因为艺术是自由的创造，所以它不能够受到特定规则的束缚，这就需要天才。天才首先需要的是独创性，不过这种独创不是胡闹的独创。它必须能够成为他人的典范，能够被他人模仿。天才不受自然法则的约束，而是给自然颁布法则。所以，在天才的想象力和知性中，想象力是最重要的。

艺术把这种美的形式的合目的性表现出来，让人感受到美。通过"审美判断力批判"，康德找出反思判断力的先天原则，然后以艺术为中介，过渡到自然领域，最终完成从自然到自由的过渡。美的艺术看起来像自然，一幅美丽的画总是让人联想到自然的美，同时美丽的自然也可以类比为艺术。艺术的合目的性原则运用到自然，就会把自然看作一个合目的性的系统。当然，这不是为了激发人的情感，只是为了让人能够完整地把握自然的那些特殊法则。这时候形式的目的性就变为质料（**有目的**）的合目的性了。这种有目的的合目的性也是反思判断的作用。反思判断力不是为了向人提供关于自然的认识，而是为了让人反思自然，把自然看作一个统一体，完成从自然到自由的过渡。

目的论分为两种，一种是外在的目的论，一种是内在的目的论。前者表现为手段对目的的有用性，比如植物的目的是牛羊，牛羊的目的是人。后者表现为原因和结果的相互性，即一个事物同时是自己的原因和结果，比如有机体。一棵树自己生长出自己的部分，如果人把它的枝叶砍掉，它会自己长出枝叶来。人也是有机体，过去的、现在的以及将来的都是同一个，而且都在不断的变化中，这种变化是自我的发展。

在运用于自然时，反思判断力的原则是内在的目的论原则。接着康德以内在目的论原理为基础，用外在目的论的手段与目的的关系推论出整个自然界是一个有秩序的统一体。从无机物到有机体，从植物到动物，从动物到人，人就是这个自然界的最后目的。整个自然都以人为目的，人的什么是自然的目的呢？如果是以人的幸福为目的，那么很不幸自然没有特别地眷顾人类。人没有鹰的眼睛、豹子的速度、狮子的爪子等，人的自然力量没有强大到让人成为自然的目的。同时，人在生活中也会受到很多磨难，会历经艰辛，自然甚至把这些苦难当作人必须承受的东西。另外，幸福概念是一个很不确定的概念，人难以知道自己的幸福到底是什么，而且，幸福总是难以获得，所以人的幸福不是自然的最终目的。

除此之外，那就是文化，科学是文化发展的高级形式。与卢梭一样，康德认为科学的发展会导致人类的不幸，增加人类的苦难，比如产生更多的冲突，甚至爆发战争。然而，与卢梭相反，他持有乐观主义的立场，认为这是自然的一种策略。通过这些竞争和冲突，自然想最大限度地发展人的能力，使人更加完善。这个思想同样出现在他的历史哲学中。其实，自然的这个诡计的幕后操作者正是理性，自然只不过是理性实现自己目的的手段而已。康德的这个思想很深刻，是黑格尔的"理性的诡计"的直接来源。

科学的发展会使人类更加有教养，让社会更加文明，这些都有助于人类道德的完善。只有道德才能使人成为自然的终极目的。人是自律的主体，自我立法，不服从外在的权威；同时，人给自然立法。这样人就可以让整个自然都服从他。整个自然都在一个从低级到高级的关系中趋向于人的文化和科学，而人的文化和科学在漫长的历史过程中趋向道德的人。这样，康德就完成了从经验的自然界到道德的世界的过渡，把自然和自由两个分割的领域结合起来。

一个道德的人依然相信上帝的存在，因为只有这样至善才有可能实现。通过自然的目的论，自然被看作趋向于道德，实现至善具有现实性。不过，康德在《判断力批判》中改变了《实践理性批判》中所认为的至善的不可能会导致道德法则的不可能的观点，认为道德法则是形式的法则，本身是无条件的，即使至善不可能实现，也不影响它的有效性。即使撒谎给人带来很大的不幸，人也不能够撒谎。康德在这里修正了的观点应该更符合他的想法。

第9章

宗教与政治

哥尼斯堡最有影响的人

《判断力批判》的完成，标志着康德完成了批判哲学的事业。他的哲学引起很多批评，也有很多人捍卫他，当然，康德自己也会选择性地回应一些批评者。比如1790年他回应埃贝哈德的《论一个据说一切新的纯粹理性批判都由于一个更早的批判而变得多余的发现》，说明批判哲学解决了传统哲学所不能够解决的一些问题，哲学的继续发展必须走批判哲学的道路。总之，批判哲学获得空前的关注和成功，康德成为哥尼斯堡甚至整个普鲁士最有影响的哲学家。很多外地人会慕名拜访他，有些人会旁听他的课。在这些人中，最有影响的是费希特。

费希特 1762 年出生于普鲁士的一个小镇，与康德相似，父亲是一个行会的手工业者。他的家境可能比康德更加贫寒。1780 到 1784 年，他先后到耶拿大学和莱比锡大学学习哲学和神学，后来由于生计问题，担任了几年的家庭教师。在 1790 年，他回到莱比锡，起初为了养活自己，不得不当家庭教师讲解康德哲学，特别是《纯粹理性批判》。在研读这本书时，他发现自己爱上了康德哲学。于是，他决定去哥尼斯堡拜访康德。这一年，他来到哥尼斯堡，第一天参观了这座城市，第二天听了康德的课。然而，他对康德的课没有什么好感，觉得很沉闷，没什么趣味。他希望自己能得到康德的赏识，却不清楚应该如何进一步地接触这位大名人。后来，他想到一个办法，写一本书作为见面礼给他崇拜的人。于是，他一边听课，一边写作。他花了 6 个星期，完成了《一切天启的批判》。

在一天早上的课堂上，费希特把自己的著作拿给康德，并恳请康德，假如这本书有价值的话，希望康德能够帮他推荐出版。康德答应了。回去之后，还没有读完这本书，康德就发现作者是一个非常有才华的人，决定马上帮助这位贫穷的青年才俊。由于审查的原因，这本书在两年后才出版。这段时间，费希特一直在听康德的课，不过他觉得听课没有太大的收获，甚至认为，康德的记忆力开始衰退，他的身体与他伟大的心灵是不匹配的。

当然，外来的拜访者也有对康德的讲课持有肯定评价的。按照一些传记作家的记载，一个在1795年拜访康德的人在日记中写道，他非常崇拜康德，没有错过康德的任何一堂课。康德的语言是通俗易懂的语言，他身材矮小，穿着褐色的外套，上面有黄色的扣子，戴着假发，时不时做一些手势帮助学生理解他的讲课内容。这个拜访者还认为，他不理解为什么一些人说康德的哲学很难理解，相反，他听了康德的课之后，觉得很容易理解，康德的讲解比别人的讲解好多了。

康德这时期讲课时仍然是使用一些讲义，但是讲课的内容和讲义基本无关。比如他在逻辑学的课程上还是使用迈埃尔的《理性学说摘要》作为教材，但是这本书被他作了密密麻麻的笔记和眉批，许多页码是自己粘上去的，书中原来的内容基本上看不清楚了。他的听众们早已知道课程的情况，没有带教材，只是记录他讲课的笔记。康德倒觉得没什么，按照教材的顺序一节一节地讲课。很显然，课程的顺序是依照教材的，不过内容是康德自己的。

从1789年开始，康德注意到自己身体的变化。他感到体力越来越不济，通常只有上午才可以写作，晚上会觉得很疲惫，无法工作。他不得不减少课程。健康的变化，对哥尼斯堡的学生来说，是有影响的。外来的拜访者听他几次课，会带着光环效应，忽略他的讲课情况，但是哥尼斯堡的学生不会这样。有的学生就抱怨康德讲课声音太小、讲课不清楚等。

康德仍然是哥尼斯堡最有影响力的哲学家，虽然很多外地人来拜访康德，但是他在哥尼斯堡学生中的影响却在逐渐降低。这是可以理解的，哲学家的影响在于他的著作和思想，外地人以及当代人看重的正是这些，然而康德周围的人则更关注他的个体变化。这种变化是一种直观的感受。从自然目的论的角度来看，康德的哲学思想说出了自然的看法，推进人类历史的进步，而他自己只不过是自然实现其目的的手段而已。

真正的信仰以道德为基础

出版之前的审查

与康德差不多同时代的德国著名诗人海涅曾经以夸张的口气说，法国大革命砍掉了国王的头，康德的《纯粹理性批判》砍掉了上帝的头。很多读者会把他的看法作为理解康德的一个重要依据。其实，海涅是一位诗人，喜欢以一种夸大其词的口气讨论问题。康德在《纯粹理性批判》中没有否定上帝的存在，只是说传统哲学对上帝的论证是无效的，相反在《实践理性批判》中，康德证明至善的可能性需要预设上帝的存在，一个有道德的人会信仰上帝，但是，这种信仰不是如中世纪无理性的信仰，也不是如人现实中为了得到上帝的奖赏的信仰，而是建立在理性之上的信仰。在《判断力批判》中，康德甚至认为即使至善不可能实现，道德法则依然是我们行动的戒律，这进一步强调道德优先于宗教。

1793 年，费希特的《一切天启的批判》出现在市面上，由于这本书是匿名的，很多读者认为它是康德的作品，康德马上在公开场合澄清这本书是费希特的独创。结果，费希特一下子成名了，被看作康德主义者。康德这样做，一方面是尊重费希特的成果，提高年轻人在学术界的影响和地位；另一方面，康德不同意这本书里面的有些观点，费希特虽然主张道德优先于宗教，但是他比康德更看重宗教和天启在道德生活中的地位。

康德的宗教思想引起普王及审查官沃尔纳的警觉。1791 年，普王成立了一个委员会，成员基本上来自玫瑰十字会。这个委员会专门审查牧师是否有违背教义的思想和行为，一些牧师遭到解雇。除此之外，倡导启蒙的人也成为沃尔纳的眼中钉，一些启蒙人士不得不离开普鲁士。虽然康德有点担心，但是他一直认为宗教是启蒙最重要的方面，所以他还是继续坚持他的思考。

1792年，他把自己一篇题为《论人性中的根本恶》的论文邮寄给他的好友比斯特尔。按照规定，比斯特尔把它送到柏林审查，审查通过。不久，这篇论文发表。不久，比斯特尔以同样的方式把第二篇论文《论善的原则与恶的原则对人类的统治权所进行的斗争》送审，却遭到驳回。柏林书刊审查机构认为第一篇论文只是一篇哲学的论文，第二篇论文则是一篇关于宗教问题的论文，其内容不符合规定，所以禁止发表。康德和比斯特尔提出抗议，但是抗议无效。于是康德认识到，必须以其他途径才有机会发表。他向比斯特尔索回书稿，绕开柏林的书刊审查机构。按照当时的规定，大学有颁发著作出版许可证的权力。只要一位系主任审核同意，相应的著作就可以绕开柏林审查机构得以出版。于是他把这两篇论文以及后来新写的两篇论文拿给哥尼斯堡的神学院审查。最后神学院得出这是一部哲学著作的结论，审查通过。在第二年，即1793年，康德在耶拿出版了这本书，取名为《单纯理性限度内的宗教》。

这本书分4章，研究者们最关注的是第一章，它讨论的是人性的善和恶的问题。它既可以从宗教的角度，又可以从哲学的角度来解释。第二、三和四章以第一章为基础，说明人如何能够重新向善以及教会在其中的作用等。

《单纯理性限度内的宗教》

人的本性是什么呢？不同的人有不同的看法。观察一些日常的现象，会得到不同的结论。有的人看到乐于助人的事例，会说人性是善的，有的人经常听到社会上一些丑恶的事情，会沮丧地说人性是恶的。这样的看法只是一种经验的总结，不具有普遍性。人们为什么会做道德的事情，又为什么会作恶呢？

更重要的是，康德一直在捍卫人的尊严。人的尊严在于人是自由的，一个人是自由的是因为他是一个有道德的人。但是，现实中，人总是在作恶，《圣经》中人的堕落就是从撒谎开始的。所以人要维护自己的尊严，就应该弃恶归善，说明人的向善的可能性首先必须要阐释人性是什么。

当人谈论人性时，它不是指自然的本能。人不会认为老虎吃羊是恶的，甚至老虎伤人，人也不会得出老虎是恶的结论。因为这些只是它的本能，是被自然规定的，它没有选择的能力。由此，人性和自由的选择相关，当人选择道德法则时，人就是善的，反之就是恶的。要注意的是，说人是善的或者恶的，不是因为他的行动是善的还是恶的。因为一个人的行为有时是善的，有时是恶的，从行为出发，人无法得出人性善恶的确定结论。

人性是行为的准则（主观原则）和道德法则的关系。一个人在某个时期的准则具有恒定性，有的人甚至一辈子的准则都是不变的。康德的人生也经历过几个准则的变化。硕士毕业后的几年，他过着追求感性的生活。到了不惑之年，丰克去世了，他改变了自己的准则，过着一种学者式的规律的生活。一直到后来，虽然很多事情的变化对他有影响，但是他的基本准则没变。

人的准则来自于自己的选择，所以人性的善恶来自于人的自由的本性，与本能无关，这也是人不会指责老虎吃羊的原因。感性的欲望和对象本身无所谓善恶，就像金钱本身无所谓好坏，它的好坏取决于拥有它的人一样。康德认为人的自由选择有一个特性，无论是选择道德法则还是感性欲望，都是自己的选择，而不是本能的规定。

人是一个双重的存在者，既有感性欲望，又有理性的能力。当他选择感性欲望作为自己的准则时，他就把自己下降到动物的层次，比如一个经常酗酒的人。当他把理性的法则当作自己的准则时，他就把自己上升到人应该具有的地位，即一个具有尊严的存在者。理性和感性在人的身上都存在着，只是具有不同的形式。理性是一种向善的禀赋，是一种潜能。它分为三个层次，最高的层次就是人格性的禀赋，这种禀赋就是对道德法则的敬重，并且把道德法则作为自己的准则来行动，也就是做一个有道德的人。

感性的欲望在人身上是现实存在着的，它让人具有作恶的倾向，也分为三个层次。第一个层次就是人本性的脆弱，人虽然知道人应当做什么事情，但人就是不去做。比如我们知道撒谎是不好的，但是人仍然会撒谎。第二个层次就是人性的不纯正，虽然也做了道德的事情，但是动机是不纯正的。比如有人做慈善的动机是为了获得荣誉甚至达到商业获利的企图，这些都是恶，即使这些人可能一时会受到社会上某些人的认可。第三个层次就是自欺，如果说前两个层次的行为者知道他们在作恶，那么自欺就是把这种恶当作了善。从理论上来说，他颠倒了应当的秩序，把道德法则当作实现自己感性欲望的手段。自欺是一种虚伪，他虽然作恶，但是却把这种恶当作善。比如一个人偷了他人的东西，还觉得这是他应当拿的。

自欺是最严重的作恶倾向，康德取了一个名字，叫作"根本恶"。人应当选择道德法则作为人的行为的准则，但是人总是把对法则的服从看作实现人感性欲望的手段。它是一种自发的倾向，是人的选择，与本能无关。人为什么有这样的选择呢？康德认为这是无法回答的。人无法认为它是本能，同时也无法认为它是理性的规定，因为理性给人颁布的是道德法则。就像理性的事实一样，这种作恶的倾向是人性的一个事实。

在《圣经》中，人的始祖犯了罪，它遗传给每个人，人唯有依靠上帝的恩典才有可能摆脱。这是对恶的一种时间来源的解释，康德否定这样的看法，因为如果按照这样的解释，人就不需要对恶负责，只需要上帝的恩典就能够摆脱恶。康德把恶的来源放在人的自由选择之上，人完全可以为之负责，并且能够通过自我的努力来改变。

人能够实现从恶向善的转变吗？是可以的，因为人身上有理性的潜能。由于人是一个社会的存在者，所以保障人的权利需要在一个公正的社会秩序中，人向善的转变也需要在一个伦理共同体中。因为如果周围的人都在作恶，那么即使意志坚定的人也会受到影响。在伦理共同体中，人们都遵守道德法则，都把对方当作目的，而不仅仅是手段。与公民社会不同的是，伦理共同体的法则不具有外在的强制性。

伦理共同体是以上帝为首的团体，与教会有关，所以在这本书的后面几章，康德谈到教会以及宗教仪式等方面的内容。耶稣是上帝之子，是一个完善的典型。他可以作为人的榜样，因为他向人显示了道德法则的作用，人能够通过自救的方式做一个像耶稣一样完善的人。至于耶稣的受难、重生等这些历史的事情是奇迹，对于基督教的信仰来说，奇迹是无关紧要的。真正的教会是一种以纯粹实践理性为基础的教会，而不是基于信仰的天启的教会。所以，祈祷、诵经等外在的形式都是自己在愚弄自己，它们不仅不会产生善的准则，甚至还会导致宗教狂热。人只有做一个道德的人，才能够被上帝所喜爱。

真正的基督教是一种理性的宗教，而不是如普王及其智囊团所倡导的天启宗教。所以，这本书不仅是一部学术著作，而且也表达了一个政治的决心。它告诉大众包括普王，当前的宗教政策是错误的，人民应该拥有信仰宗教的自由。

出版后的反应

许多与康德同时代的启蒙思想家都在呼吁宗教自由，比如门德尔松、莱辛等，不过康德在普王严格控制宗教自由的时候，还坚持呼吁这种自由，是需要莫大勇气的。很显然，他的著作引起了普王的关注。在1794年10月，威廉二世命令沃尔纳致函康德。信中表达普王对康德的不满，普王让他作出辩解，警告他如果再这样下去，会有不愉快的后果。这些不愉快的后果包括解聘、强制退休，甚至流放。虽然康德已经70岁了，不想迁徙他处，但是这样的警告也不只是他一个人接收到，况且他手头有了一些积蓄，不担心被惩罚之后，失去生活的保障，所以他心态比较平和。幸好，康德一直没有受到严厉的惩罚，在这本著作发表的第二年，他还成了圣彼得堡科学院的院士。

康德对国王的申诉进行了回应，其中引起最大关注的是，他承诺：以国王陛下忠诚子民的身份宣布，他从此不再讲授或者发表与宗教相关的内容。后来可以看出，康德对这个承诺是作了保留的，如果威廉二世去世了，那么他就可以不遵守这个承诺了。有些人认为这是康德狡猾之处，这样的指责公平吗？威廉二世已经亲自过问这件事情了，表示康德违背了他的意志，并要求康德保证下不为例。康德完全按照他的指示来做，并且遵守了诺言。但是，他是一个启蒙的思想家，宗教的自由和思想的自由一直是他所强调的，他还是要坚持自己的独立思考，所以他作了一些保留。他一方面坚守了自己的诺言，另一方面坚持了独立的自我。这正是理性的公开使用和私人运用的完美结合。

也有人指责康德懦弱，认为他应该坚持自己的看法与普王抗争到底。这样的指责忽视了他所处的历史环境，缺乏历史感。每个人都受到时代的限制，当外在的压力让一个人无法在公众场合发表独立思考的言论时，他选择沉默，一直等到合适的机会才公布出来。这一方面不违背自己的良心，另一方面也是一种明哲保身的策略。相比之下，有些违背自己的天职而甘做利益集团的爪牙的人，才是可憎的。

道德的政治家：《论永久和平——一个哲学策划》

1795 年，康德出版了他的《论永久和平——一个哲学策划》。

出版这本书的背景主要有两个：第一是如何实现和平，这是近代自然法从格劳秀斯以来一直探讨的问题；第二是威廉二世参加反法同盟，但是战败了，他在 1795 年撤回军队，被迫割让了一些土地。康德在这个时机探讨这个问题，估计还是会引起一些麻烦，不过他还是坚持发表自己的看法。而且，他在文中也提到他只是从一个哲学家的角度来谈论问题。虽然像柏拉图那样，让国王成为哲学家或者让哲学家成为国王，是指望不上的，但是国王应该让哲学家自由地思考和公开发表自己的意见，而且哲学家的本性是不会拉帮结派的，不会破坏普王现有的秩序。

这本书的第一章以"临时条款"开始，它们是实现永久和平的必要条件。康德一共列举了 6 条，这些条款反映康德继承了亚里士多德的思想，认为国家是一个放大了的个人，不过他又加上了自己对人的理解，强调人的自由，所以国家也是有尊严的道德存在者。第一条说明了签订和约是为了结束一切战争，它如果只是一种为未来战争争取时间的权宜之计，那么它就算不上真正的和约。第二条是说独立的国家是自律的，具有尊严，不能够像物品那样交换。第三条和第四条分别说明为了维护和平，常备军和战时借款应该被废除。第五条强调任何国家都不能干涉其他国家的内政，针对有人可能找借口，认为干涉其他不好的国家是为了起到警示作用，康德的反驳是其他国家的不良影响不会侵害另外一个国家。第六条是说国家在战争期间也要保持为了达成和平所必须具备的信任。这些看法可以从康德的道德哲学体系中推出来。在当今的国际关系中，它们也有借鉴意义。

如果上述实现永久和平的必要条件主要是批判现实，那么接下来康德就进一步论述如何能够真正实现永久和平。他提出三个原则，从国家自身来说，它必须是三权分立的代议制模式的共和制。康德提出一个非常著名的命题"共和制国家不会轻易发动战争"，因为在共和制国家中，人民掌握了权力，发动战争需要征得人民的同意，人民不会把自己轻易地卷入到战争的痛苦之中。相反，在独裁制国家中，人民是元首的工具，元首可以为了毫不起眼的原因而随意发动战争，毕竟他不用承受战争的痛苦。

国家之间也会存在冲突，即使是共和制国家，也难免有冲突，所以必须成立国际联盟。在这个联盟中，国家主权依然存在，但是权力相互制约。除此之外，世界公民权利应该是普遍友善的，在同一个地球上，人是世界公民而不仅仅是某个种族的身份。在造访其他地方时，他应该受到友善的待遇。同时，他也要对当地人友善。康德是在批评历史上一些不公平的交往方式，比如东印度公司对印度的侵略。不过，康德相信，随着全球化的日益逼近，世界公民的权利不是一个幻想。

这三条原则对当今的国际社会有很大的影响，是当今国际关系学中理想主义学说的来源。有些方面在历史上也付诸实践，比如信奉理想主义的国家就打着"民主国家不会轻易发动战争"的口号来干涉非民主国家的内政，在第一次世界大战之后，国际联盟以及当今的联合国是康德思想的践履。

永久和平是理性的一个理念，能够在自然中实现，这就需要自然和自由是相互协调的。这个问题在《判断力批判》中已经得到解决。在《论永久和平——一个哲学策划》中，康德也是在目的论的视域中探讨永久和平的可能性的。按照他的看法，自然是有目的的，它具备实现永久和平的可能性条件，比如地球是圆形的，这让人们之间的普遍交往以及世界公民权利成为可能。

总的说来，康德是从他道德哲学的角度来论述他的政治思想的。宗教要建立在道德上，同样，政治也要建立在道德之上。因为不管是宗教还是政治，都要以确保人的自由和尊严为前提，否则一切都是不合法的。所以，康德自认为自己是一个道德的政治家，与喜欢搞阴谋诡计的政治的道德家是完全对立的。

第 10 章

告　别

《道德形而上学》：有争议的道德哲学

按照一些记载，从 1796 年以后，也就是康德 72 岁以后，因为健康的原因他无法继续开课了。他的心智开始出现衰退的征兆，这一年他拒绝轮值当校长的机会，同时也不参加大学评议会的会议。他的生活还是那么规律，早上 5 点起床，喝一杯茶，抽一斗烟，然后坐在书桌前，一直工作到下午 1 点。不过，他在这个时期很难像以前那样能够持续地工作下去。他依然在下午 1 点到 3 点邀请客人午餐，吃完饭后，散步 1 小时，晚上 10 点就寝。

他虽然不参加大学评议会的会议，但还是其中的成员。

大学评议会的成员有非常丰厚的待遇，所以一些年老的委员不想辞去这个职位。1798 年，评议会的一些年轻委员觉得有必要引进新的教授来补足委员会的缺额，康德觉得这样做侵犯了他的权益，于是公开地提出抗议。最后，他的权益得到了保障。事后，有人把这件事情汇报给普王，普王也完全站在康德一边，认为他已经服务多年，只要健康允许，就会继续作贡献。康德继续担任委员达 3 年之久。

1794 年，康德的学生费希特发表了自己的著作《全部知识学的基础》。作者在这本书中，试图突破康德关于现象和物自身的区分，从自我推演出理论和实践的知识体系。从某个方面来说，费希特已经不是康德的追随者了。康德甚至认为他背叛了批判哲学，因而康德对他很不满。康德曾经提拔过费希特，所以，康德和他周围的一些朋友也认为费希特是个忘恩负义的人。

按照康德的说法，他要出版一本《道德形而上学》。由于很多原因，他一直没有实现这个承诺。1797 年，这本书出版了，包括"权利论的形而上学的初始根据"以及"德行论的形而上学的初始根据"，系统地展现人的权利和义务。第一部分建立在外在自由的基础之上，包括私人权利与公共权利，第二部分建立在内在自由的基础之上，包括对自我的义务、对他人的义务，以及又按照完全义务与不完全义务对前面两个义务的范畴作了进一步的划分。

康德的权利学说首先解决"我的"以及"你的"的可能性问题，然后说明物品的权利、契约的权利以及采用物的方式的人身法权三种。前面两种权利是西方权利学说的基本范畴，后面一个是康德自己的独创。康德对它们有了新的解释，认为物品与契约的权利是人和人之间的关系，而不是人和物之间的关系。因为只有人与人之间才能够建立起相互的权利和义务。第三个权利，康德涉及婚姻中丈夫与妻子、家庭中家长与孩子以及主人与仆人之间的权利关系。他的目的是要强调，任何人都是目的，而不能够仅仅被当作手段，尤其丈夫应该尊重妻子，妻子应该同时具有财产权。权利在自然状态中是得不到保障的，必须进入具有强制力的国家状态才可以得到保障。这就涉及康德的政治哲学，包括国家、国际法等学说。基本内容与《论永久和平》是一致的。

德行义务是要实现某些目的的义务。人有根本恶的倾向，为了使人弃恶向善，理性必须扭转这种恶的倾向。既然人的行为都是有目的性的，人作恶把感性的目的当作行为的目的，那么理性就反过来把理性的目的当作人应当实现的目的。这些目的包括自我的完善和他人的幸福。实现自我的完善就是实现人的自由，促进他人的幸福就是爱他人、尽力帮助他人。人作为目的必须有相应的手段，毕竟，穷困是人作恶的诱因。如果一个人没有钱，那么他可能为了生存而作恶。所以促进他人的幸福就是要增进他人拥有完善自己的手段。在这些德行义务中，康德列举了很多有趣的讨论，比如不能淫欲、不能饕餮无度、不能吝啬、不能阿谀奉承等，他举了很多日常的例子来说明这些义务的含义以及必要性。

《道德形而上学》可以看作康德出版的最后一部著作，《实用人类学》的出版虽然比这本书晚，但是它与康德的讲义联系更紧密，逻辑性比不上《道德形而上学》，而且道德形而上学是康德所一直关注的问题。然而，对于这本书是否是康德所承诺的著作，人们有不同的看法，以至很久以来它没有受到应有的重视。很多学者认为，康德所承诺的真正的道德哲学也就是《道德形而上学》，应该是完全先天的，与经验无关。但是，问世的《道德形而上学》有太多的人类学的内容以及日常的例子，这些都损害道德哲学的纯粹性。幸运的是，当代研究者们已经意识到这本书的重要性，陆续出版了一些研究性的著作。

不管怎么样，康德的意图是很明显的。《奠基》以及《实践理性批判》说明自由的概念及其法则，也说明人的尊严就在于其意志的自由。《道德形而上学》则关注人如何能够具体地实现自己的自由。权利学说保障人的权利和外在自由，让人在与他人的交往中有基本的尊严。德行学说保障人的内在自由，使人不仅在与他人的交往中有尊严，而且在自己的内心也是一个有尊严的存在者。权利学说和德行学说都以批判时期所确立的自由的概念为基础，并且以实现人的自由为目的。

衰老与逝世

1797 年，威廉二世去世，他的儿子腓特烈·威廉三世即位。他一登基，就把沃尔纳撤职，取消其退休金，后者的晚年比较凄凉。威廉三世改变他父亲的很多政策，特别是对宗教实行宽容的政策。康德已经遵守了他对威廉二世的承诺，现在这个承诺已经失效了。于是他把已经写好了的《学科之争》发表出来，里面第一章就涉及宗教的问题。接着他出版了《实用人类学》，这本书以他的讲义为基础，从知、情、意来看待"人应该成为什么样的存在者"。从这样的顺序可以看出批判哲学之间的关系，即第三批判作为中介沟通另外两个批判。

从 1797 年开始，康德就不再讲课，到了 1799 年，学校的课表中就已经完全没有他的名字了。在这一年，康德发表了最后一篇他独立完成的作品，即《关于费希特知识学的公开宣言》。在其中，他声明：费希特的知识学是完全站不住脚的体系，充其量只是逻辑学，其逻辑原理无法给人带来认识的材料。批判哲学不仅仅是对过去哲学的批判，而且自身就是哲学。读者想要理解批判哲学，必须逐字逐句地研读《纯粹理性批判》。

这种宣言说明康德固守在自身的批判哲学内，已经不能够理解甚至容忍他人的学说。他的心智已经衰老了，同时他的健康也在不断衰弱。据说，他在1799年以后短期记忆变得很差，容易忘记日常的琐事，在一天之内经常把一件事情重复说几遍。与很多老人一样，他的长期记忆还保持得不错，他生活在过去之中。为了让自己的生活不至于太麻烦，他养成把要办的事情记录在便条上的习惯。不过，这些便条记载的内容现在看来是很让人发笑的，甚至是庸俗的。它们经常涉及文字的拼法和意义，生活的一些琐事也被毫无逻辑地放在了一起。这些都说明康德在逐步丧失语言能力，他的衰弱在缓慢而持续地进行。甚至到了最后，他忘记了如何称呼房间，只能用不清晰的方式描述，以便让周围人知道他的意思。

康德的状态使他不得不经常在椅子上坐着，时常会睡着，但是由于他越来越瘦，他经常滑下来跌倒，自己又无法站起来，不得不等仆人过来把他扶起来才可以。他还经常读书，不过已经很难理解书里的内容了。有一次，他读书忘记熄灭烛火，导致他的睡帽被燃着了。幸好仆人发现得早，才避免悲剧的发生。于是他的仆人不得不时刻提醒康德读书时离烛光远一些，并给他设计专门的睡帽，并且在他的床头放着一瓶水。

康德把自己的财产交给了一个叫瓦西安斯基的管家管理，大概有 20000 塔纳，这是一笔很丰厚的财产。他能够有这样的收益与他平时对自己的财产精心打理有关。随着他的衰老，跟着他 40 年的仆人兰普开始暴露出人性的弱点，经常和康德吵闹，酗酒并且怠慢康德，抱怨自己没有享受应有的待遇。在劝导没有效果之后，康德不得不辞退他，支付给他一笔可以让他安度晚年的费用。

这段时间，康德的妹妹过来照顾他。她比康德小 6 岁，长得很像她的哥哥，性格也比较和蔼可亲。由于康德习惯独处，所以她总是坐在康德的后面照顾他。过了一段时间，康德习惯了她的存在。或许由于血缘关系，她在康德的晚年起到很重要的作用。一位曾经的朋友拜访康德，康德几乎不认识他，也记不清楚他们之间的交往经历。这位朋友询问康德的身体状态时，康德便如实地回答自己的状况。然而，康德只能够说几个简单的句子，不能把话讲完，在讲不清楚的地方，他的妹妹便帮他补充完整。这位朋友在快离开的时候，康德请求他告诉自己的妹妹他是谁，这样她可以在稍后把相关情况解释给他自己听。康德此时的衰老可想而知。有人批评康德在晚年时，不顾亲情没有好好地照顾自己的妹妹，曾经因为自己的妹妹没有文化而不允许她与自己同桌吃饭等。这样的指责是没有道理的，因为康德在这个时期已经丧失很多正常人的能力，而且康德也经常资助她以及另外一个弟弟。

有一时期康德节食，饮食状态不好，又贪吃一些对他身体没有好处的奶酪。有一天，他不顾管家瓦西安斯基的反对，吃了很多奶酪。第二天上午，他妹妹挽扶他散步时，他突然中风倒地。他马上被抬进房子里，医生也过来了。从此以后，他的身体状况变得更差。虽然以后他还是会宴请客人，但是经常不到半个小时就不得不草草收场。据说，参会的朋友们大多都不觉得宴会很好，只是出于义务再陪陪这位老人。

1804 年年初，康德已经无法进食了，他觉得任何食物都很硬，没有味道。在餐桌前，他只是喃喃自语，抱怨自己无法入睡。2 月 11 日，他突然从半昏睡的状态中醒过来，感谢瓦西安斯基给他加水的酒，并且说出生命中最后的几个词 "Es ist gut"（它是好的）。后来有些人在这句话上大做文章，说康德表达了深刻的意思，比如这个世界是最好的世界等。很显然，按照康德当时的情况，他不可能表达更多的意思，他只是表达感谢，说有这杯酒就够了。

第二天，也就是 2 月 12 日中午，康德没有痛苦、安详地离开了这个世界。在 2 月 28 日，哥尼斯堡的人民为这位伟大的哲学家举行了隆重的葬礼。他的晚年和普通人没什么区别，生活不能自理，身体和心智逐渐衰退。

另一方面，在康德晚年，德国哲学对康德哲学的扬弃还在进一步地发展。1800 年，谢林发表《先验唯心论体系》；1805 年，黑格尔开始写作《精神现象学》，并于 1807 年出版。他们把德国古典哲学推向另一个高峰。作为康德的后继者，他们既继承康德，同时又批判康德。也许康德存在的目的就是为了产生批判哲学，当他完成使命之后，他的哲学生命也就结束了，剩下的自然生命也疲惫不堪。

附录

年　　谱

1724 年　4 月 22 日，伊曼努尔·康德诞生。

1732 年　进入腓特烈中学。

1740 年　进入哥尼斯堡大学。

1748—1754 年　担任家庭教师。

1749 年　发表处女作《论对活力的评价》。

1755 年　出版《自然通史与天体理论，或根据牛顿定理试论整个宇宙的结构及其力学起源》。硕士论文题目：《论火》。大学讲师资格论文题目：《对形而上学认识论基本原理的新解释》。

1758—1762 年　俄国军队占领哥尼斯堡。

1763 年　发表《证明上帝存有的唯一可能的根据》与《将负值概念引入哲学的尝试》。

1764 年　人生准则变化。著作有《论自然神学和道德原则的明晰性》与《论优美感与崇高感》。

1770 年　任哥尼斯堡大学的逻辑与形而上学教授。就职论文《论感觉界与理智界的形式和原则》。

1770—1781年 沉默和思考的10年。

1780年 首次担任哲学系系主任。成为大学评议会的资深会员。

1781年 《纯粹理性批判》(第一版)。

1783年 《未来形而上学导论》。

1784年 《关于一种世界公民观点的普遍历史的理念》与《回答这个问题：什么是启蒙?》。

1785年 《道德形而上学的奠基》。

1786年 担任大学校长。出版《自然科学的形而上学初始根据》与《人类历史揣测的开端》。

1787年 《纯粹理性批判》第二版。

1788年 《实践理性批判》。

1790年 《判断力批判》。

1794年 《单纯理性限度内的宗教》。

1795年 《论永久和平——一个哲学策划》。

1797年 《道德形而上学》。

1798年 《学科之争》与《实用人类学》。

1799年 发表《关于费希特知识学的公开宣言》。

1804年 2月12日，逝世。2月28日，举行葬礼。

参 考 书 目

一、康德的著作

1. 邓晓芒译，杨祖陶校：《纯粹理性批判》，人民出版社，2004 年。

2. 邓晓芒译，杨祖陶校：《实践理性批判》，人民出版社，2004 年。

3. 邓晓芒译，杨祖陶校：《判断力批判》，人民出版社，2005 年。

4. 李秋零译：《纯粹理性批判》，中国人民大学出版社，2004 年。

5. 李秋零主编：《康德著作全集》（1—9 卷），中国人民大学出版社，2005 年。

6. 韩水法译：《实践理性批判》，商务印书馆，2009 年。

二、研究著作

1. 杨祖陶：《德国古典哲学的逻辑进程》，武汉大学出版社，2003 年。

2. 杨祖陶：《康德黑格尔哲学研究》，武汉大学出版社，2002 年。

3. 杨祖陶、邓晓芒：《康德〈纯粹理性批判〉指要》，人民出版社，2001 年。

4.邓晓芒:《康德哲学讲演录》，广西师范大学出版社，
2005 年。

5.邓晓芒:《冥河的摆渡者》，武汉大学出版社，
2007 年。

6.邓晓芒:《康德哲学诸问题》，生活·读书·新知三联书店，2006 年。

7.黄裕生:《真理与自由》，江苏人民出版社，2008 年。

8.库思著，黄添盛译:《康德传》，上海人民出版社，
2008 年。